MOEWIG

ERFOLG IM BERUF

Arbeitszeugnisse richtig deuten

Verlagsunion Erich Pabel-Arthur Moewig KG, Rastatt

4. Auflage

Originalausgabe
© 1989 by Verlagsunion Erich Pabel-Arthur Moewig KG, Rastatt
Text: Dr. Dieter P. Farda
Textbearbeitung: Dr. Petra Gallmeister
Alle Rechte vorbehalten
Umschlagentwurf und -gestaltung: Franz Wöllzenmüller, München
Auslieferung in Österreich:
Pressegroßvertrieb Salzburg Gesellschaft m.b.H.,
Niederalm 300, A-5081 Anif
Printed in Germany 1991
Druck und Bindung: Elsnerdruck, Berlin
ISBN 3-8118-7159-5 (60er Kassette)

Inhalt

Einführung

Zeugnisse begleiten jeden Arbeitnehmer durch sein Berufsleben. Es fängt mit den Schulzeugnissen an und setzt sich mit den Arbeitszeugnissen fort.

Arbeitszeugnisse unterscheiden sich von Schulzeugnissen in einer wesentlichen Hinsicht: Während Sie auf Ihre Schulzeugnisse kaum einen Einfluß haben, können Sie ihn bei Ihren Arbeitszeugnissen geltend machen. Um diesen Einfluß ausüben zu können, müssen Sie jedoch Ihre Rechte und die damit verbundenen Möglichkeiten kennen: Sie müssen den Unterschied zwischen einem einfachen und einem qualifizierten Zeugnis kennen und wissen, wann Sie ein Zeugnis verlangen können und was dieses Zeugnis alles enthalten muß.

Zu all diesen Begriffen und Fragen finden Sie in diesem Band umfassende Erläuterungen. Auch darauf, was sich hinter bestimmten Formulierungen verbirgt, werden wir eingehen, damit Sie in der Lage sind, Ihr Zeugnis richtig zu lesen und zu deuten.

Sie finden aber auch Antwort auf die Frage: Wer beurteilt aufgrund welcher Kriterien meine Arbeitsleistung? Während eines Arbeitsverhältnisses unterliegen Sie schließlich ständig einer Beurteilung, die bei Ihrer Bewerbung anfängt, sich mit dem Vorstellungsgespräch fortsetzt und während der gesamten Dauer des Beschäftigungsverhältnisses anhält. Fragen, die sich Ihnen in diesem Zusammenhang stellen, sind: Wer beurteilt mich? Wann werde ich beurteilt? Welche Kriterien werden an mich angelegt? Wer hat alles Einsicht in diese Unterlagen? Wer erstellt mein Arbeitszeugnis? Habe ich Einspruchsrechte, wenn ich mit dem Zeugnis nicht einverstanden bin?

9

Damit stellen sich Fragen von großer Bedeutung, denn schließlich ist das Arbeitszeugnis ein wichtiger Bestandteil der Bewerbung um einen neuen Arbeitsplatz. Dazu muß gleich angefügt werden, daß Sie nicht auf alles Einfluß haben, was mit Ihrer Beurteilung zu tun hat.

Insbesondere entziehen sich die Bewertungskriterien Ihrem Einfluß. Es ist überhaupt schwierig, zu diesen Kriterien einer Bewertung Stellung zu beziehen, weil man darüber zu Recht geteilter Meinung sein kann und in Zweifel ziehen darf, ob sie dem beurteilten Arbeitnehmer gerecht werden.

Alles andere jedoch, worauf Sie einen Anspruch haben oder Einfluß nehmen können, wird in diesem Band ausführlich behandelt. Mit Hilfe des Stichwortverzeichnisses werden Sie zudem sehr schnell das Thema finden, das Sie ganz besonders interessiert. Wir haben auch Themen berührt, die in einem engen Zusammenhang zum Thema Arbeitszeugnisse stehen, wie zum Beispiel: Kontrollrechte, Schutz der Personaldaten, Arbeitsbescheinigung usw.

Vor dem Zeugnis steht die Bewertung

Beurteilungsphasen

Im Grunde steht jeder Arbeitnehmer unter ständiger Kontrolle der Unternehmensleitung. Wie stark, hängt von der Art des Unternehmens und seiner Unternehmensphilosophie, aber auch von der Position des Arbeitnehmers ab. Richtlinien bestimmen darüber, wie weit die Kontrolle reicht und wie oft sie durchgeführt wird. Diese gesamte Kontrollphase schlägt sich natürlich am Ende des Arbeitsverhältnisses im Zeugnis nieder.

Kontrollen und Richtlinien treten bereits bei der Auswahl der Bewerber um eine neu zu besetzende Position in Kraft und zeigen bereits hier Wirkung, möglicherweise dahingehend, daß Bewerber von vornherein abgelehnt werden. So stellt eine Firma, die zum Teil Rüstungsgüter herstellt, keine Wehrdienstverweigerer ein. In der Regel erfährt – in weniger amtlichen Fällen – ein Abgewiesener den wahren Grund der Rücksendung seiner Unterlagen nicht und wird auch nach längerem Grübeln nicht dahinterkommen. In der Bewerbungsphase verbergen sich die Kontrollen und Richtlinien hinter einem dichten Vorhang.

Anders, ein wenig anders, sieht es dann beim Vorstellungsgespräch aus. Dem Personalfragebogen (siehe S. 32 ff.), den der Bewerber vor dem Vorstellungsgespräch in einigen Betrieben ausfüllen muß, sind schon die Richtlinien des Unternehmens in den Grundzügen zu entnehmen.

Noch ein wenig klarer wird es dann während des Vorstellungsgesprächs. Hier lassen die Fragen des Gesprächsleiters sehr rasch erkennen, wo seine Präferenzen liegen. Der angewandten Gesprächstechnik läßt sich entnehmen, worauf er hinaus will, was er ergründen möchte und worauf er weniger Wert zu legen scheint.

Kenntnisse darüber, was sich bereits hinter seinem Rücken abgespielt hat, wird der Bewerber in der Regel nicht erlangen. So kann es vorkommen, daß das Unternehmen ein graphologisches Gutachten hat anfertigen lassen. Ja, es soll sogar Unternehmen geben, die sich bei Personalentscheidungen – und nicht nur dort – von Astrologen beraten lassen. Auch wenn eine astrologische Analyse nicht unbedingt rechtens ist, so ist es doch nicht undenkbar, daß sie bereits beim Gespräch vorliegt.

Die Testergebnisse werden dann schon offener – wenn auch nicht ganz offen – behandelt. So kommt es immer häufiger vor, daß Bewerber bestimmte Tests hinter sich bringen müssen. Aber nicht nur Bewerber, auch Angestellte werden solchen Tests unterzogen, zum Beispiel dann, wenn es um eine eventuelle Beförderung geht.

Viele Unternehmen rechtfertigen diese Tests und Kontrollen mit dem Hinweis darauf, daß bestimmte Berufsgruppen, zum Beispiel Flugpiloten, sich ja auch ständigen Kontrollen unterziehen müßten. Inwieweit dieser Vergleich berechtigt ist, mag dahingestellt bleiben.

Doch damit sind noch immer nicht alle Aspekte berührt, die letztendlich zur Beurteilung im Arbeitszeugnis beitragen. Bedenkenswert, wenn man überlegt, welche Faktoren bereits bei der Einstellung eine Rolle gespielt haben und weiterhin fester Bestandteil der Personalakte sind:

- Die Bewerbung
- Die Beurteilung der Bewerbung durch die Personalabteilung
- Der Personalfragebogen
- Eventuell: Testergebnisse

- Eventuell: Gutachten (graphologische u.a.)
- Die Beurteilung der vorgelegten Zeugnisse
- Die Beurteilung nach dem Vorstellungsgespräch
- Eventuell: ärztliche Untersuchung.

Allein diese Punkte, die, wie gesagt, bereits bei der Einstellung vorhanden sind, reichen aus, einige Seiten der Personalakte zu füllen.

Die nächste Phase der Beurteilung beginnt mit der Probezeit. Nach ihrem Abschluß wird seitens des Unternehmens ein Zeugnis erstellt. Dieses Zeugnis lautet entweder „Probearbeitszeit bestanden" oder „Probearbeitszeit nicht bestanden", wobei letzteres zur Kündigung führt.

Unternehmensplanspiele

Nehmen wir an, ein Arbeitnehmer hat seine Probearbeitszeit bestanden, so hat dies noch lange nicht zur Folge, daß er nun von Beurteilungen befreit wäre. Im Gegenteil. Wir wollen eine Strategie vorstellen, die Unternehmen dazu anwenden.

In zunehmendem Maße veranstalten Unternehmen für höhere Angestellte sogenannte Unternehmensplanspiele. Das sind Spiele, die für Gruppen konzipiert sind. Jede Gruppe hat die gleiche Teilnehmerzahl. Alle erhalten dieselbe zu lösende Aufgabe.

Das Spiel selbst findet am Computer statt, so daß der Spielleiter am Ende eines Tages die getroffenen Entscheidungen der einzelnen Gruppen jeweils abrufen und analysieren kann.

Diese Spiele simulieren täglich vorkommende Arbeitsabläufe und Entscheidungsprozesse, zum Beispiel die Einführung eines neuen Produkts auf dem Markt.

Beurteilt wird die „Qualität der getroffenen Entscheidungen".

Mit diesem Konzept werden gleich mehrere Ziele verfolgt. Das Unternehmen, das ein Planspiel für seine Mitarbeiter veranstaltet, nennt dies „Weiterbildung".

Dies mag ein nützlicher Nebenaspekt sein, aber im Vordergrund steht die Beurteilung der Teilnehmer des Planspiels. So wird darauf geachtet, wer wie welche Entscheidungen trifft, wird notiert, wie sich der Teilnehmer kommunikativ verhält, wird beobachtet, wie sich die Teilnehmer verhalten.

Es soll sogar vorkommen, daß in einer Gruppe oder mehreren Gruppen ein Psychologe eingeschmuggelt wird, der sich nicht als solcher zu erkennen gibt – oder, wenn er seinen Beruf nennt, als gleichrangiger Teilnehmer und nicht als Teilnehmer in seiner Funktion als Psychologe aufzutreten vorgibt. Doch das ist reine Augenwischerei.

Im Vordergrund der Beobachtung stehen dabei:

● Konflikte und Konfliktbewältigung
● Rollenverhalten
● Emotionen
● Verhaltensweisen
● Kommunikation.

Von großem Nutzen ist es, daß die Teilnehmer lernen, das Verhalten ihrer eigenen Mitarbeiter besser deuten und beurteilen zu können.

Auf diese Weise pflanzt sich die Kontrolle von oben nach unten auf ganz natürliche Weise fort und führt dazu, daß Kontrolle und Beurteilung zur täglich geübten Praxis werden.

Nicht verwunderlich ist es denn auch, wenn diese Unternehmensplanspiele immer mit dem Wort „Verhaltenstraining" betitelt werden, so, als handle es sich bei Arbeitnehmern um dressierbare Kaninchen. Selbstbewußte Menschen werden dabei allerdings leicht als „nicht kommunikationsfreudig" eingestuft, was einer Beurteilung „nicht für Teamarbeit geeignet" gleichkommt und fatale Konsequenzen nach sich ziehen kann.

Konsequent werden denn auch die verschiedenen „Führungsstile" auf ein sogenanntes Verhaltensgitter projiziert. Der Einfachheit halber kennt dieses Verhaltensgitter (ein Wort, das man sich auf der Zunge zergehen lassen muß) nur vier mögliche Führungsstile. Alles, was nicht eindeutig zuzuordnen ist, weiß sich mal hierhin, mal dorthin gezogen oder findet sich in der Mitte wieder, die da heißt: „Genügende Arbeitsleistung". Als Kompliment faßt dies wohl kaum jemand auf, und diese Beurteilung wird sich mit Sicherheit auf das spätere Arbeitszeugnis auswirken.

Ein Beispiel für ein solches Verhaltensgitter finden Sie auf der nächsten Seite.

Verhaltensgitter nach Blake und Mouton

hoch	9	I								IV
	8									
	7									
	6			III						
	5									
	4									
	3	II								V
	2									
niedrig	1	1	2	3	4	5	6	7	8	9

niedrig   hoch

Die Ziffern in den Spalten geben Aufschluß über die Beurteilung:

I: Führungsverhalten:
     Sorgfältige Beachtung der zwischenmenschlichen Beziehungen
     führt zu einer bequemen und freundlichen Atmosphäre und zu
     einem entsprechenden Arbeitstempo

II: Führungsverhalten:
     Geringstmögliche Einwirkung auf die Arbeitsleistung und auf
     die Menschen

III: Führungsstil:
     Genügende Arbeitsleistung möglich durch das Ausbalancieren
     der Notwendigkeit zur Arbeitsleistung und zur Aufrechterhal-
     tung der zu erfüllenden Arbeitsleistung

IV: Führungsstil:
     Hohe Arbeitsleistung von begeisterten Mitarbeitern, Verfol-
     gung des gemeinsamen Zieles führt zu gutem Verhalten

V: Führungsstil:
     Wirksame Arbeitsleistung wird erzielt, ohne daß viel Rücksicht
     auf zwischenmenschliche Beziehungen genommen wird.

Wenn Sie sich dieses Verhaltensgitter einmal aufmerksam angeschaut haben, werden Sie sicher festgestellt haben, daß es noch schlimmer kommen kann, als mit „genügender Arbeitsleistung" beurteilt zu werden.

Unternehmen, die mit diesen Planspielen ihr Geld verdienen, bieten die Spiele den Unternehmen denn auch mit dem deutlichen Hinweis an, daß Verhaltensbewertungen während des Spiels dauernd stattfinden. Mehr noch: Die einzelnen Gruppen haben während des Spiels „Mitteilungen zu machen".

Selbstverständlich gehören ausführliche Bewertungsbögen zum Standard solcher Planspiele, die einer individuellen Weiterbildung gar nicht gerecht werden können.

Und genauso gehören bestimmte Vokabeln zum Angebot solcher Planspiele. Sie müssen da nur in einen beliebigen Prospekt eines Unternehmens schauen:

Da ist die Rede von „persönlicher Verhaltenssteuerung" und von „struktureller Steuerung". Da fällt das Wort „Mitarbeiterentwicklung" — was ganz gut klingt —, und daneben steht dann gleich das Wort „Kontrolle" — versteht sich. Und das Ganze dient nur einem Ziel und Zweck, nämlich der „Stabilisierung" von „Kompetenz" (heißt: „Fachlich auf der Höhe sein") und „Akzeptanz" (heißt: „Damit kein Mitarbeiter Sand ins Getriebe wirft und den Arbeitsablauf unangenehm stört").

Dazu gehört natürlich auch, den Mitarbeitern anzutrainieren, wie sie „überzogene Ansprüche" der Mitarbeiter „rückführen" können (heißt: „abblocken können").

Gekrönt wird dieses Angebot mit dem Versprechen: „Ein Eckpfeiler unserer Erfolge: Garantiert nachhaltige Verhaltensänderungen!"

Was sich hier wie ein makabrer Witz eines Werbetexters anhört, ist pure Realität. Die Zitate sind dem Prospekt einer Verhaltenstrainingsfirma entnommen, die für bedeutende deutsche Unternehmen tätig war.

Untersuchungen dieser Art beziehen ihren Sinn aus dem Vergleich der Arbeitshaltung in verschiedenen Ländern. In den Augen der Unternehmer steht der deutsche Arbeitnehmer schlecht da, was Sie sich leicht anhand der nachstehenden Graphiken vor Augen führen können.

Arbeitsmotiv:
„Ich möchte immer mein Bestes geben, so gut ich kann, unabhängig davon, wieviel ich verdiene."

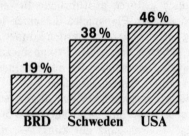

Auch mit der Leistungsbereitschaft steht es nicht viel besser im internationalen Vergleich.

Leistungsbereitschaft:
„Ich setze mich in meinem Beruf ganz ein und tue oft mehr als verlangt wird."

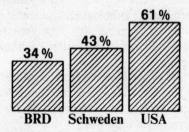

Daß darunter auch die Arbeitszufriedenheit leidet, ersehen Sie aus der nächsten Graphik.

Arbeitszufriedenheit:
„Würden Sie sagen, daß Ihre jetzige Arbeit Sie voll und ganz befriedigt?"

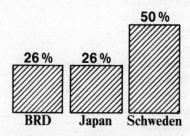

So ist verständlich, daß sich „Beratungsfirmen" auch für die „verhaltenspsychologische Betreuung bei Personalreduzierungen" anbieten.

Mit diesen Hinweisen sollten nicht alle Weiterbildungsmaßnahmen schlechtgemacht werden. Sie sollten Ihnen aber deutlich machen, daß sich hinter manchen dieser „Maßnahmen" ganz bestimmte Motive verstecken, die enorme Auswirkungen haben können. Schon so manches Beurteilungsschema hat eine ansehnliche Karriere zum Absturz gebracht.

Damit Ihnen dies nicht passiert und Sie irgendwann vor dem Arbeitsgericht landen, weil Sie mit einem Zeugnis nicht einverstanden sind, sollten Sie bereits zu Beginn eines Arbeitsverhältnisses auf offene oder versteckte Kontrollen, die zu Ihrer Beurteilung dienen, achten.

Sie haben gesehen, die Kontrollen hören nach der Probezeit nicht auf. Daran ändert sich auch nichts, wenn wir das Wort Kontrolle durch Beurteilung ersetzen. Das klingt zwar schöner, meint aber im Grunde dasselbe.

Diese fortgesetzten Beurteilungen sind nicht an Weiterbildungsmaßnahmen gebunden, wie wir sie oben geschildert haben. Anlässe für Beurteilungen sind oder können sein:

- Zielsetzungsgespräche
- Motivationsgespräche
- Korrekturgespräche
- Kritikgespräche
- Allgemeine Mitarbeitergespräche
- Leistungsberichte
- Aufgabengespräche
- Orientierungsgespräche
- Umorganisationen
- Schwierigkeiten im Arbeitsablauf (auch wenn Sie dafür persönlich nicht verantwortlich sind)
- Eignungstests für Beförderungen
- Arbeitsbescheinigungen
- Zwischenzeugnisse.

So kommen wieder einige Punkte zusammen, die zusammengenommen erneut einige Seiten füllen. Am Ende eines Beschäftigungsverhältnisses steht dann das Arbeitszeugnis, das entweder ein „einfaches Zeugnis" sein kann oder ein „qualifiziertes Zeugnis". Auf diese wichtige Unterscheidung kommen wir noch ausführlich zu sprechen.

Zum Abschluß dieses Kapitels sollten Sie sich erst einmal die Übersicht über die gesamten Beurteilungszeiträume ansehen, die wir auf den nächsten Seiten zusammengefaßt haben.

Checkliste
Beurteilungszeiträume/
Beurteilungsmechanismen

● Vor der Einstellung:
  - Beurteilung der Bewerbung
  - Beurteilung des Personalfragebogens
  - Testergebnisse
  - Gutachten
  - Beurteilung der Zeugnisse
  - Beurteilung nach dem Vorstellungsgespräch
  - Ärztliche Untersuchung

● Während der Probezeit:
  - Beurteilung durch den Vorgesetzten
  - Beurteilung durch die Mitarbeiter
  - Arbeitskontrolle
  - Qualitätskontrolle
  - Mitarbeitergespräche

● Während des Beschäftigungsverhältnisses:
  - Zielsetzungsgespräche
  - Motivationsgespräche
  - Arbeitskontrolle
  - Qualitätskontrolle
  - Korrekturgespräche
  - Kritikgespräche
  - Mitarbeitergespräche
  - Leistungsberichte
  - Orientierungsgespräche
  - Umorganisationen
  - Tests

- Funktionieren der Arbeitsabläufe
- Arbeitsbescheinigungen
- Zwischenzeugnisse
- Besuch von Weiterbildungsmaßnahmen
- Beurteilung durch Mitarbeiter
- Beurteilung durch direkten Vorgesetzten
- Beurteilung durch Abteilungsleiter
- Beurteilung der Daten der Personalakte
- Verhalten bei Neustrukturierung der Arbeitsabläufe.

Bevor wir uns den Kriterien zuwenden, die bei diesen Beurteilungen angewandt werden, wollen wir jedoch einer anderen Frage nachgehen.

Darf der Arbeitgeber kontrollieren?

Die Antwort darauf, ob der Arbeitgeber Sie kontrollieren darf, lautet schlicht und ergreifend „jein". Schon deswegen, weil ein Unternehmen immer Mittel und Wege finden wird, Sie unbescholten zu kontrollieren. Dennoch genießen Sie einen gewissen Schutz vor übergreifenden Kontrollmechanismen. So darf zum Beispiel – zur Vermeidung von Diebstählen – eine Videokamera, die auch Sie ab und zu ins Bild bekommt, nur mit Zustimmung des Betriebsrats aufgestellt werden, und dann auch nur, wenn vorher andere Maßnahmen zu keinem befriedigenden Ergebnis geführt haben.
Doch dieses – gravierende, aber gängige – Beispiel (denken Sie an die Video-Überwachung in Kaufhäusern) läßt sich durch viel subtilere Methoden (einige davon haben wir oben bereits angesprochen) ersetzen. Grundsätzlich – so

wird jedes Unternehmen sagen – werden nicht die Mitarbeiter kontrolliert, sondern das Arbeitsergebnis.

Mit anderen Worten: Kontrollen finden statt, um die Qualität der Arbeit zu sichern. Das geschieht – natürlich – nur zum Wohl des Mitarbeiters, denn wenn die Qualität der Produkte nicht stimmt, lassen sich die Produkte schlechter verkaufen, der Firma geht es nicht gut, und eventuell kommt es sogar zu Entlassungen. Welcher Mitarbeiter würde dies nicht einsehen?

Daran ist folgendes richtig: Es wirkt sich direkt auf die Arbeitsqualität aus, wie die Mitarbeiter – auch Vorgesetzte und Führungskräfte – gegenüber folgenden Bereichen eingestellt sind:

● Unternehmen
● Produkt
● Mitarbeiter
● Kunden
● Lieferanten
● Arbeitsorganisation.

Je besser die Arbeitsqualität ist, desto besser ist natürlich das, was dabei herauskommt: das Produkt selbst.

Im Gegenzug nimmt die Qualität des Produkts ab, wenn die Arbeitsqualität und die Arbeitszufriedenheit miserabel sind. Tritt ein solcher Fall ein, werden in der Regel die Kontrollen verschärft, was zu einer weiteren Abnahme der Arbeitszufriedenheit führt und die Marktposition des Unternehmens stark gefährdet.

So richtig dies alles ist, es läßt sich dennoch nicht leugnen, daß in all diesen genannten Maßnahmen selbstverständlich auch Kontrollen eingebaut sind, die der Beurteilung der Mitarbeiter dienen.

Nur – so etwas darf nicht ausarten, keine Totalüberwachung der Mitarbeiter werden. Für den Einzelfall kann eine

Überprüfung dieser Art problematisch sein, besonders dann, wenn es um sogenannte Datenerhebungen geht. Hier hilft die moderne Technik dem Unternehmen auf vielfältige Art und Weise, denn die Datenerhebungen brauchen nicht einmal direkt nachvollziehbar zu sein.

Das fängt bei der Überwachung von Telefonaten an, auch dann, wenn sie vordergründig ganz harmlos aussieht. Zum Beispiel dann, wenn ein Computer am Ende eines Tages immer ausdruckt, von welchem Apparat aus welche Nummer angewählt worden ist und wie lange das Gespräch gedauert hat.

Ebenso verhält es sich mit der Erfassung der Arbeitszeit. Kein Mitarbeiter wird sich gegen „Zeiterfassungsgeräte" wehren, vor allem dann nicht, wenn damit eine flexible Arbeitszeitregelung eingeführt wird. Nur — andererseits lassen sich diese registrierten Daten auch zusammenfassen und leicht auswerten.

Gleiches gilt für die Auswertung der Löhne bei Akkordarbeitern. Eine solche Auswertung gibt auch Aufschluß darüber, wer mehr und wer weniger geleistet hat.

Auf diese Weise lassen sich ebenso die Fehlzeiten bewerten, und zwar hinsichtlich Anlaß und Zeitraum. Auch in diesem Fall wird kein Mitarbeiter Einwände dagegen erheben, denn schließlich ist diese Aufzeichnung für die Fortzahlung des monatlichen Einkommens wichtig. Andererseits kann eine solche Aufzeichnung und vor allem ihre Auswertung Auswirkungen auf das Verhalten des Unternehmens gegenüber dem Arbeitnehmer haben. Im schlimmsten Fall kann eine solche Auswertung zur Kündigung führen.

Generell gilt, daß Sie als Arbeitnehmer ein Recht haben, sich gegen eine übergreifende Totalüberwachung zu wehren und dieses Recht bei Gericht einklagen können. Auf der anderen Seite muß man jedoch bedenken, daß es heute so ausgefeilte Überwachungs- und Kontrollmechanismen gibt, daß sie für den einzelnen Mitarbeiter kaum oder gar nicht zu erkennen sind. Sich dagegen rechtzeitig zu wehren, dürfte natürlich äußerst schwerfallen.

Sollten Sie die Absicht haben, sich gegen – in Ihren Augen – ungerechtfertigte Überwachungen und Kontrollen zu wehren, greifen Sie nicht gleich zum Mittel der Arbeitsverweigerung. Unser Rat in diesem Fall lautet: Lassen Sie sich zuvor rechtlich beraten.

Wenn Sie Gewerkschaftsmitglied sind, haben Sie sogar einen Anspruch auf Rechtsberatung. Keine Auskunft werden Sie hingegen beim Betriebsrat oder beim Amtsgericht erhalten, zumindest wenn es um rechtliche Beratung geht. In diesem Fall sind Sie – soweit nicht Gewerkschaftsmitglied – darauf angewiesen, einen Rechtsanwalt zu konsultieren. Dies kann – sollten Sie keinen auf das Arbeitsrecht spezialisierten Anwalt kennen – zum Lotteriespiel werden.

Wie geschützt sind Personaldaten?

Personaldaten sind ein sensibles Datenfeld. Im Zusammenhang mit diesen Daten stellen sich daher auch eine Reihe von Fragen, die mit dem Arbeitszeugnis direkt verbunden sind, denn bei der Erstellung des Arbeitszeugnisses wird natürlich auch auf die Personalakte zurückgegriffen.

Grundsätzlich ist zu diesem Thema anzumerken, daß es dem Arbeitgeber zwar gestattet ist, ein ausführliches Persönlichkeitsbild von Ihnen zu erstellen und dieses aufzubewahren. Seine Grenzen findet er jedoch dadurch, daß es ihm nicht gestattet ist, sämtliche Daten, die ihm eventuell zur Verfügung stehen, auch tatsächlich zu benutzen. So sind folgende Daten davon ausgenommen:

● Persönliche Äußerungen zu generellen Lebensfragen, die Ihre Lebenseinstellung betreffen

- Daten oder Äußerungen über Religionen oder Religionszugehörigkeiten. Ausgenommen davon ist, welcher Religionszugehörigkeit Sie angehören, weil sich dies unschwer bei der Erstellung Ihrer Lohn-/Gehaltsabrechnung feststellen läßt
- Nicht ausgewertet werden dürfen auch persönliche Äußerungen oder Einstellungen gegenüber politischen Parteien.

Zeigt es sich beim Lesen Ihres Zeugnisses, daß Ihr Arbeitgeber offensichtlich auch auf solche Daten zurückgegriffen hat, sollten Sie sich umgehend rechtlich beraten lassen und dagegen vorgehen.

Dies gilt auch dann, wenn sich in Ihrer Personalakte unrichtige oder falsche Darstellungen befinden. In diesem Fall können Sie von Ihrem Arbeitgeber verlangen, daß diese unrichtigen Angaben aus Ihrer Personalakte entfernt bzw. berichtigt werden.

Wie aber steht es in diesem Zusammenhang mit dem vielbeschworenen Datenschutzgesetz? Hier muß leider festgestellt werden, daß dieses Gesetz nicht immer greift. So hat es zum Beispiel keinen Einfluß auf Datengewinnung durch Fragebögen. Dieses Gesetz greift erst in dem Moment, in dem die Daten datenmäßig verarbeitet werden. Dafür jedoch genügt es bereits, wenn die gewonnenen Daten in eine EDV-Anlage eingegeben werden. Nur gilt hier der Grundsatz: Solange Sie nicht wissen, was mit den erstellten Daten geschieht, können Sie auch nichts dagegen unternehmen. Sie können auch – so sieht es das Gesetz vor – nichts gegen eine Speicherung der Daten einwenden. Mit dem Speichern liegt noch nicht unbedingt eine Auswertung der Daten vor. Und selbst wenn sie verarbeitet oder ausgewertet werden, kann dies im berechtigten Interesse des Unternehmens liegen und somit statthaft sein. So kann der Rat an Sie nur lauten, sich im Zweifelsfall rechtlich beraten zu lassen.

Wissen müsen Sie aber folgendes: Sie haben ein generelles Einsichtsrecht in alle Daten, die der Arbeitnehmer über Sie gespeichert hat. Das betrifft nicht nur die Personalakte. Sie haben generell das Recht in die Einsicht aller Daten, auch wenn diese nur in der EDV-Anlage gespeichert sind. Es ist Ihnen gesetzlich erlaubt, Daten, die in der EDV-Anlage gespeichert und damit Ihrem Zugriff entzogen sind, in einer „aufgearbeiteten" Fassung zu erhalten. Das heißt, der Arbeitgeber muß Ihnen die Daten lesbar zur Verfügung stellen!

In diesem Fall ist also das Bundesdatenschutzgesetz auf Ihrer Seite. Auch in andern Fällen können Sie von daher Ansprüche erheben: Der Arbeitgeber, der bei Beginn eines Beschäftigungsverhältnisses erst einmal Daten über Sie speichert, hat Ihnen gegenüber eine Mitteilungspflicht. Er muß Sie also über die Datenspeicherung informieren.

Der Arbeitgeber ist auch dazu verpflichtet, unrichtige Angaben zu „löschen". Allerdings hat die Sache erneut einen Pferdefuß, und dahingehend sind unsere obigen Ausführungen zu ergänzen. Der Arbeitgeber ist nämlich nur dann verpflichtet, Daten zu löschen – auch solche über politische oder religiöse Einstellungen – , wenn er als „Speicherer" nicht die Richtigkeit der Daten nachweisen kann. Die Beweispflicht liegt also beim Arbeitgeber. Aber selbst wenn ein Arbeitgeber die Richtigkeit einer Eintragung nachweisen kann („Verurteilung wegen Trunkenheit am Steuer am ..."), ist diese Eintragung dann zu löschen, wenn sie in keinem Zusammenhang mit der Arbeitstätigkeit steht.

Abschließend finden Sie zu dieser wichtigen, wenn auch äußerst komplizierten Thematik eine Checkliste, die Ihnen die Übersicht zumindest ein wenig erleichtern soll.

Checkliste
Rechte der Arbeitnehmer in bezug auf Personaldaten

- Unzulässig gesammelte Daten (zum Beispiel durch Detektive) sind zu löschen

- Daten der ärztlichen Untersuchung, die über die Eignung hinausgehen, dürfen nicht gesammelt werden

- Ein Persönlichkeitsbild, das stark die Privatsphäre berücksichtigt, darf nicht erstellt werden

- Das erstmalige Speichern von Daten muß dem Arbeitnehmer mitgeteilt werden

- EDV-gespeicherte Daten müssen für den Arbeitnehmer lesbar aufbereitet und zugänglich gemacht werden

- Für diese Aufbereitung der Personaldaten darf der Arbeitgeber kein Geld verlangen, auch wenn sie mit einem Arbeitsaufwand verbunden ist

- Personaldaten müssen vertraulich behandelt werden

- Unrichtige oder falsche Angaben müssen aus der Akte herausgenommen werden

- Die Beweispflicht der Richtigkeit der gesammelten Daten liegt beim Arbeitgeber. Kann er dieser Beweispflicht nicht nachkommen, können Sie die Löschung der Daten verlangen

- Arbeitnehmer haben ein grundsätzliches Recht darauf, Einsicht in ihre Personalakte zu nehmen.

Checkliste
Sammeln von Daten
vor der Einstellung

- Eignungstests:
  Grundsätzlich haben Sie ein Zustimmungsrecht. Das bedeutet, daß solche Tests ohne Ihre Einwilligung nicht durchgeführt werden dürfen. Andererseits werden Sie kaum eingestellt werden, wenn Sie sich weigern, den Test zu absolvieren

- Graphologische Gutachten:
  Sie dürfen nur mit Ihrer Zustimmung angefordert werden. Andererseits kann die Auffassung bestehen, daß Sie mit dem Einsenden einer Schriftprobe oder eines handschriftlich verfaßten Lebenslaufs Ihre Zustimmung zu einem graphologischen Gutachten geben

- Ärztliche Untersuchungen:
  Auch diese dürfen nur mit Ihrem Einverständnis durchgeführt werden. Geben Sie Ihr Einverständnis jedoch nicht, wird im Notfall Ihre Bewerbung zurückgewiesen

- Speicherung von Daten:
  Daten der ärztlichen Untersuchungen dürfen nicht gesammelt werden, außer dem Befund, ob Sie für die Stelle geeignet sind oder nicht.
  Persönlichkeitsbezogene Daten dürfen nur insofern gespeichert werden, als Ihr Persönlichkeitsrecht davon nicht beeinträchtigt wird.

Beurteilungskriterien während des Arbeitsverhältnisses

Beurteilungsbögen

Hier setzt fast jedes Unternehmen auf andere Kriterien, wertet anders aus. Anders gesagt: Generelle Aussagen zu treffen, ist hier so gut wie unmöglich, denn beinahe jedes Unternehmen besitzt seine eigenen Gepflogenheiten. Wir müssen uns also mit einigen unterschiedlichen Beispielen aus der Praxis begnügen, die wir für unsere Belange ein wenig abgeändert haben, um dem Anspruch der Allgemeingültigkeit möglichst nahezukommen.

Nachstehend finden Sie deshalb einige Vordrucke, die wir für Sie aus gängigen Beurteilungsbögen zusammengestellt haben, damit Sie sich diese ansehen und bewußt machen können, wie Sie beurteilt werden, worauf geachtet wird, wie ausgewertet und wie verarbeitet wird.

Allein dies wird Ihnen bereits eine erfolgreiche Hilfestellung geben, wenn Sie mit solchen Praktiken im Berufsalltag konfrontiert werden. Die wichtigsten Kommentare und Erläuterungen finden Sie immer nach den Beispielbögen, damit Sie auch verstehen, was sich hinter den einzelnen Fragen verbirgt, was hinterfragt wird.

Sie dürfen nicht aus den Augen verlieren, daß all diese Bewertungsmaßstäbe einen direkten Einfluß auf Ihr Zeugnis ausüben, da sie zur Erstellung des Arbeitszeugnisses herangezogen werden. Je mehr Sie also über diese Kriterien wissen, desto stärker können Sie − sei es aktiv, sei es passiv − Einfluß auf die Gestaltung und den Inhalt Ihres Arbeitszeugnisses nehmen.

Hyperkritisch indes dürfen Sie diese Beispiele jedoch auch nicht angehen. Im Zweifelsfall vermittelt solch ein auszuwertender Bogen mehr Objektivität als ein spontan gefälltes Urteil.

Auf den nächsten Seiten finden Sie einen Personalfragebogen, einen Beurteilungsbogen für das Vorstellungsgespräch und einen Mitarbeiterbeurteilungsbogen.

Muster

Personalfragebogen

PERSONALFRAGEBOGEN

Name: _____   Vorname: _____

Geburtsname: _____

Geburtsdatum: _____   Geburtsort: _____

Anschrift: _____

_____   Telefon: _____

Staatsangehörigkeit: _____

Familienstand: _____   Anzahl der Kinder: _____

SCHULBILDUNG

Schule	Ort	von	bis	erreichter Abschluß

BERUFSTÄTIGKEIT EINSCHLIESSLICH AUSBILDUNGSZEIT

Arbeitgeber	Art des Unternehmens	Tätigkeit	von	bis

FORT- UND WEITERBILDUNGSMASSNAHMEN

Art	Veranstalter	Wann	Mit welchem Ergebnis

BESONDERE KENNTNISSE UND FÄHIGKEITEN

Stenografie: Ja/Nein   Silben pro Minute: _____

Maschinenschreiben: Ja/Nein   Anschläge pro Minute: _____

Fremdsprachen: _____   Wort und Schrift   Wort   Schrift

_____   Wort und Schrift   Wort   Schrift

_____   Wort und Schrift   Wort   Schrift

Führerschein: Ja/Nein   seit: Klasse(n): ____

Weitere Kenntnisse: _____

_____

_____

_____

PERSÖNLICHE ANGABEN

Sind Sie gesund? Ja/Nein

Falls Nein, woran leiden Sie? _____

_____

Sind Sie körperbehindert? Ja/Nein

Falls Ja, zu welchem Grad? _____

Sind Sie arbeitsbehindert? Ja/Nein

Für Frauen: Liegen bei Ihnen derzeit die Voraussetzungen des Mutterschutzes vor? Ja/Nein

Für Männer: Sind Sie wehrdienstpflichtig? Ja/Nein
Haben Sie Ihren Wehrdienst abgeleistet? Ja/Nein
Sind Sie zurückgestellt? Ja/Nein
Falls ja: Aus welchem Grund? _____

Leben Sie in geordneten wirtschaftlichen Verhältnissen? Ja/Nein

Haben Sie Ihre Gehaltsansprüche an Dritte abgetreten? Ja/Nein

Falls ja: In welcher Höhe? _____

Sind Sie einschlägig vorbestraft? Ja/Nein

SONSTIGES

Ist Ihr Ehegatte berufstätig? Ja/Nein
Arbeiten Verwandte/Bekannte von Ihnen in unserem Betrieb?
Ja/Nein
Haben Sie sich schon einmal bei uns beworben? Ja/Nein
Welches Gehalt erwarten Sie?
Warum wollen Sie Ihr derzeitiges Arbeitsverhältnis nicht fortsetzen?
_____
_____

Was wäre Ihr frühestmöglicher Eintrittstermin?_____

Ich versichere, alle Angaben nach bestem Wissen und Gewissen gemacht zu haben. Ich weiß, daß unrichtige oder falsche Angaben eine fristlose Kündigung nach sich ziehen können.

_____ den_____   _____
                             Unterschrift

Grundsätzlich ist gegen diesen Fragebogen nichts einzuwenden. Die Fragen sind legitim, die erwünschten Antworten nachvollziehbar. Es nutzt Ihnen daher nichts, zu schummeln oder gar wissentlich falsche Angaben zu machen, um irgendwelche dunklen Punkte verbergen zu wollen. Sollten Sie dies vorhaben, dann lesen Sie aufmerksam die Schlußsätze dieses Formulars und lassen Sie die Finger davon.

Auf die Frage nach Ihrem Gehaltswunsch schreiben Sie schlicht Ihr derzeitiges Einkommen in die betreffende Zeile. Beantworten Sie die Frage nach dem Grund der Beendigung Ihres jetzigen Arbeitsverhältnisses wahrheitsgemäß, und stellen Sie niemals den Wunsch nach mehr Geld in den Vordergrund.

Heikel ist immer die Frage nach den Voraussetzungen des Mutterschutzes. Eigentlich lautet die Frage: „Sind Sie schwanger oder nicht?" Ein Arbeitgeber kann die Antwort „Nein" nur dann anfechten, wenn er Ihnen nachweisen kann, daß Sie zum Zeitpunkt der Beantwortung der Frage sicher waren, schwanger zu sein. Dieser Beweis dürfte in der Praxis sehr schwer zu erbringen sein.

Muster
Beurteilungsbogen
für das Vorstellungsgespräch

Herr/Frau/Frl. _____

Anschrift: _____

_____

hat sich am _____ bei uns vorgestellt. Der Leiter des

Gesprächs war: _____

Teilgenommen haben außerdem:

_____

_____

_____

_____

Folgende Stelle war zu besetzen: _____

Abteilung: _____

Herr/Frau/Frl. hat eine Ausbildung als _____

absolviert.

Lehrfirma: _____ Abschluß: _____ Note: _____

Zuletzt ausgeübter Beruf: _____

Bewerbung erfolgte aufgrund: _____

Anlaß der Bewerbung war: _____

Wechsel des Arbeitgebers in den vergangen 5 Jahren: _____ mal

Von der Qualifikation her: geeignet/bedingt geeignet/ungeeignet

Vom persönlichen Eindruck: geeignet/bedingt geeignet/ungeeignet

BEURTEILUNG

	Stark unter Soll	Unter Soll	Soll	Über Soll
Fachlich				
Persönlich				
Art des Auftretens				
Kommunikationsverhalten				
Interaktionsverhalten				
Intelligenz				

BEURTEILUNGSDETAILS

Auftreten

äußerst arrogant – bescheiden – zurückhaltend – distanziert – sehr ernst – ernst – gehemmt – gewandt – gewinnend – sehr höflich – höflich – korrekt – überkorrekt – liebenswürdig – nervös – schwerfällig – selbstsicher – selbstbewußt – unsicher – zurückhaltend

Verhaltensstil
–9–8–7–6–5–4–3–2–1–/–1–2–3–4–5–6–7–8–9–

Zielgerichtetheit
–9–8–7–6–5–4–3–2–1–/–1–2–3–4–5–6–7–8–9–

Führungsverhalten
–9–8–7–6–5–4–3–2–1–/–1–2–3–4–5–6–7–8–9–

Kommunikationsverhalten
–9–8–7–6–5–4–3–2–1–/–1–2–3–4–5–6–7–8–9–

Durchsetzung
–9–8–7–6–5–4–3–2–1–/–1–2–3–4–5–6–7–8–9–

Intellekt
–9–8–7–6–5–4–3–2–1–/–1–2–3–4–5–6–7–8–9–

Auffassungsgabe
–9–8–7–6–5–4–3–2–1–/–1–2–3–4–5–6–7–8–9–

Zusammenarbeit
–9–8–7–6–5–4–3–2–1–/–1–2–3–4–5–6–7–8–9–

Sprachlicher Ausdruck
–9–8–7–6–5–4–3–2–1–/–12–3–4–5–6–7–8–9–

– –

Vertragsabschluß am: _____

_____

Besondere Vereinbarungen: _____

_____

_____

_____

_____

Arbeitsplatz wurde vorgestellt: Ja/Nein
Die Arbeit wurde beschrieben: Ja/Nein
Der direkte Vorgesetzte wurde vorgestellt: Ja/Nein

Die Einstellung erfolgt unter folgenden Voraussetzungen:
Probezeit: Ja/Nein   Dauer: _____

Kündigungsfrist: _____

Urlaubsregelung: _____

Tarifgruppe: _____

Lohn/Gehalt: _____

Abteilungsleiter: _____

Personalleiter: _____

Datum: _____

Unterschrift: _____

Mehr als dieses Formblatt zur Kenntnis zu nehmen bleibt Ihnen kaum übrig. Auf die Bewertung – also das Ausfüllen des Fragebogens – haben Sie keinen Einfluß, nur einen ganz verminderten, indem Sie wissen, was bewertet und wie ausgewertet wird. Daß hier letztendlich subjektive Eindrücke einen quasi objektiven Niederschlag finden, müssen Sie hinnehmen.

Ansonsten ist gegen die Art des Fragekatalogs nichts einzuwenden. Die einzigen Bedenken, die gegen ihn zu erheben wären, gelten im Grunde für alle diese Bewertungsbögen: Sind sie in der Lage, ein wirklich objektives Bild des Bewerbers zu vermitteln?

Die Antwort darauf wird von Fall zu Fall unterschiedlich ausfallen. Verfasser solcher Auswertungsbögen werden darauf verweisen, daß diese Bögen ihre Existenzberechtigung haben, und ihre Auffassung durch diese oder jene wissenschaftliche Untersuchung untermauern. Auf diese Art läßt sich indes fast alles beweisen – womit jedoch noch lange nicht der Beweis der Richtigkeit des Beweises erbracht ist!

Muster

Mitarbeiterbeurteilungsbogen

Name:_____ Vorname:_____
Personalnummer:_____
Werk:_____ Abteilung:_____
Tätigkeit:_____ seit:_____
Lohn/Gehaltsgruppe:_____
Beurteilungszeitraum:_____ Beurteiler:_____
Beteiligt:_____

Bewertungsmaßstäbe:
1   Keine Beurteilung, da für die Tätigkeit nicht relevant
2   Anforderungen wurden in einem sehr hohen Maße erfüllt
3   Anforderungen wurden zu einem hohen Maß erfüllt
4   Anforderungen wurden voll zufriedenstellend erfüllt
5   Anforderungen wurden zufriedenstellend erfüllt
6   Anforderungen wurden noch zufriedenstellend erfüllt
7   Anforderungen wurden ausreichend erfüllt
8   Anforderungen wurden gerade ausreichend erfüllt
9   Anforderungen wurden nicht erfüllt

Beschreibung der ausgeübten Tätigkeit in diesem Beurteilungs-
zeitraum:
_____
_____
_____
_____
_____

Arbeitsleistung während dieses Zeitraums:
_____
_____
_____
_____
_____

0 0 0 0 0 0 0 0 0
1 2 3 4 5 6 7 8 9

Zusammenarbeit mit anderen Mitarbeitern:

_____
_____
_____
_____

0 0 0 0 0 0 0 0 0
1 2 3 4 5 6 7 8 9

Lernfähigkeit am Arbeitsplatz:

_____
_____
_____
_____

0 0 0 0 0 0 0 0 0
1 2 3 4 5 6 7 8 9

Kommunikation am Arbeitsplatz:

_____
_____
_____
_____

0 0 0 0 0 0 0 0 0
1 2 3 4 5 6 7 8 9

Integration am Arbeitsplatz:

_____
_____
_____
_____

0 0 0 0 0 0 0 0 0
1 2 3 4 5 6 7 8 9

Selbständigkeit (Eigenverantwortlichkeit):

_____
_____
_____
_____

0 0 0 0 0 0 0 0 0
1 2 3 4 5 6 7 8 9

Einsatzbereitschaft (Flexibilität):

_____
_____
_____
_____

0 0 0 0 0 0 0 0 0
1 2 3 4 5 6 7 8 9

Verantwortungsbewußtsein:

_____
_____
_____
_____

0 0 0 0 0 0 0 0 0
1 2 3 4 5 6 7 8 9

Verhalten:

_____
_____
_____
_____

0 0 0 0 0 0 0 0 0
1 2 3 4 5 6 7 8 9

Belastbarkeit:

_____
_____
_____
_____

0 0 0 0 0 0 0 0 0
1 2 3 4 5 6 7 8 9

Teamarbeit:

_____
_____
_____
_____

0 0 0 0 0 0 0 0 0
1 2 3 4 5 6 7 8 9

Kenntnisse:

_____
_____
_____
_____

0 0 0 0 0 0 0 0 0
1 2 3 4 5 6 7 8 9

Soziales Verhalten:

_____
_____
_____
_____

0 0 0 0 0 0 0 0 0
1 2 3 4 5 6 7 8 9

Verhalten gegenüber Mitarbeitern:

_____
_____
_____
_____

0 0 0 0 0 0 0 0 0
1 2 3 4 5 6 7 8 9

Verhalten gegenüber Vorgesetzten:

_____
_____
_____
_____

0 0 0 0 0 0 0 0 0
1 2 3 4 5 6 7 8 9

Verhalten gegenüber Kunden:

_____
_____
_____
_____

0 0 0 0 0 0 0 0 0
1 2 3 4 5 6 7 8 9

Weiterbildungsmaßnahmen:

_____
_____
_____
_____

0 0 0 0 0 0 0 0 0
1 2 3 4 5 6 7 8 9

Beurteilung der weiteren Entwicklung:

_____
_____
_____
_____

Die Beurteilung wurde mit dem Mitarbeiter am _____
besprochen.

Unterschrift: _____

Ich habe diese Beurteilung zur Kenntnis genommen:

Datum: _____   Ort: _____

Der Mitarbeiter hat schriftlich dazu Stellung genommen: Ja/Nein.
Diese Stellungnahme wird in die Personalakte aufgenommen.

Unterschrift Abteilungsleiter: _____

Hierbei handelt es sich um einen sehr ausführlichen Fragebogen, der auch der rechtlichen Problematik entgegenkommt, indem er vorsieht, daß diese Beurteilung dem Mitarbeiter vorgelegt und ihm eine schriftliche Stellungnahme eingeräumt wird. Insoweit ist es ein fairer Fragebogen.

Inwieweit die Ausführungen und die Bewertungen (1 – 9) vom betroffenen Mitarbeiter als fair empfunden werden, muß dahingestellt bleiben. Vor willkürlichen Bewertungen schützt dieser Fragebogen selbstverständlich nicht, und daran ändert auch die Kenntnisnahme oder die schriftliche Stellungnahme des Mitarbeiters nichts. Denn im Zweifel wird das Gutachten des Beurteilers mehr wiegen als die Stellungnahme des Mitarbeiters.

Diskussionsfähig dagegen ist ein aus den Einzelbeurteilungen sich zusammensetzendes Gesamturteil. Denn dazu gibt der Fragebogen keine Kriterien her. Hier muß der Beurteiler selbständig entscheiden.

Man muß dem Bogen indes zugute halten, daß er nicht versucht, in die Persönlichkeitssphäre des Beurteilten einzugreifen, auch nicht durch verdeckte Formulierungen. Diese positive Wertung bedarf jedoch gleich einer Einschränkung: Diese Offenheit bewahrt nicht davor, daß solche verdeckten Bewertungen in einem späteren Zeugnis auftauchen.

Mit verdeckten Bewertungen werden wir uns noch ausführlich beschäftigen. Im Anschluß an dieses Kapitel wollen wir uns erst einmal die Bewertungskriterien anschauen, die im Alltag des Unternehmens eine Rolle spielen und vielfach von der Unternehmenskultur, den Führungsgrundsätzen und der Unternehmensphilosophie abhängig sind.

Beurteilungsgrundsätze

Während die bisher vorgestellten und in den Grundsätzen kommentierten Beurteilungsbögen relativ einfach nachzuvollziehen sind, sieht dies bei vielen Beurteilungssystemen völlig anders aus. Vor allem fällt es schwer, sich als Mitarbeiter darauf einzustellen, weil man sie zumeist nicht einmal kennt. Und was man nicht kennt, dagegen kann man sich auch nur schwer wehren.

Die Beurteilungssysteme, von denen hier die Rede sein soll, sind direkt an die Unternehmensphilosophie und die damit verbundenen Führungsgrundsätze gebunden. In groben Zügen lassen sich folgende klare Unterscheidungen treffen:

● Autoritärer Führungsstil
● Kooperativer Führungsstil
● Direktiver Führungsstil
● Partizipativer Führungsstil.

Was den erstgenannten Führungsstil angeht, bedarf dieser keiner näheren Erläuterung. Die Kontrollmechanismen in einem solchen Unternehmen werden streng und gleichzeitig offen sein. Im Bedarfsfall wird eben durchgegriffen und den Leuten die Meinung gesagt.

„Kooperativer Führungsstil" zeichnet sich dadurch aus, daß die Mitarbeiter weitgehend an Entscheidungsprozessen beteiligt sind. Eine kluge Unternehmensleitung wird die Mitarbeiter sicher jedoch dahin führen, daß sie am Ende doch das akzeptieren, was vorgesehen war.

„Direktiver Führungsstil" besitzt die Eigenschaft, nicht im gesamten Unternehmen praktiziert zu werden, sondern in einzelnen Abteilungen des Unternehmens. Das führt dazu, daß der direkte Vorgesetzte bestrebt ist, seine Meinung durchzusetzen, und in den meisten Fällen auch Erfolg hat. Die Kontrollmechanismen sind nicht so versteckt wie beim kooperativen Führungsstil, aber auch nicht so direkt und massiv wie beim autoritären Führungsstil.

Der „partizipative Führungsstil" ist der fortschrittlichste Führungsstil. Er basiert auf der Überzeugung der Unternehmensleitung, daß das Unternehmen nur dann optimal funktionieren kann, wenn eine Entscheidung die Zustimmung aller – also nicht nur der Vorgesetzten – gefunden hat. Da man aber den Mitarbeitern nicht immer über den Weg traut, werden hier vielfach versteckte Kontrollmechanismen eingebaut, die sich so im Beurteilungsbogen nicht wiederfinden und somit auch nicht identifizieren lassen.

Wir wollen anhand eines Beispiels erläutern, welche Handlungsspielräume Arbeitnehmern gewährt werden und wie der Umgang mit ihnen bewertet wird.

Unter den Führungskräften und den Abteilungsleitern eines Unternehmens gilt es als ausgemacht – und dies ist eine präzise Vereinbarung –, die Mitarbeiter „an der langen Leine laufen zu lassen". In Wirklichkeit jedoch sind die Handlungsspielräume, die man bereit ist, den Mitarbeitern zuzugestehen, eng begrenzt und sehr klar definiert. Jeder Verstoß dagegen findet sich später verklausuliert im Beurteilungsbogen wieder.

Die Handlungsspielräume, die den Mitarbeitern eingeräumt werden, können Sie aus der Graphik auf der nächsten Seite ersehen. Die linke und die rechte Linie geben die Grenze des Handlungsspielraums wieder. Um das Beispiel einfach zu gestalten, wollen wir nun drei Mitarbeiter – A, B und C – an den Start gehen lassen.

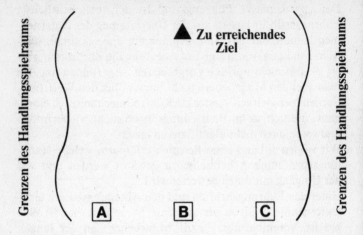

Jedem der drei Mitarbeiter wird unabhängig voneinander eine bestimmte Aufgabe gestellt, die während eines bestimmten Zeitraums erledigt werden muß. Man sagt ihnen auch, daß man die Lösung dieser Aufgabe zu bewerten gedenkt. Was man ihnen nicht sagt, ist, wie weit der Handlungsspielraum wirklich ausgedehnt ist.

Kluge Mitarbeiter würden jetzt die Frage stellen: „Wie weit darf ich gehen?" Nehmen wir an, Mitarbeiter B sei besonders klug und tut es. Die Antwort, die er erhält, lautet: „Die Grenzen Ihrer Handlungsspielräume müssen Sie selbst erfahren."

Also machen sich die drei Mitarbeiter an die Erledigung ihrer Arbeit. Verfolgen Sie anhand der Zeichnung auf der gegenüberliegenden Seite, welchen Weg die drei Mitarbeiter wählen:

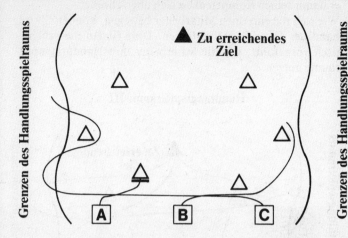

Mitarbeiter A geht zielstrebig los und wählt ungestüm den kürzestmöglichen Weg, nicht bedenkend, daß man ihm vielleicht „Schwierigkeiten" in den Weg gelegt hat (Graphik II). Und so ist es. Kaum ist er richtig in Fahrt, stößt er auf das erste Problem und macht halt.

Mitarbeiter B hingegen geht mit etwas mehr Überlegung an die Aufgabe heran. Nicht ungestüm, sondern tastend und sondierend. Er traut der ganzen Sache nicht so recht. Das hat zur Folge, daß er recht schnell die Schwierigkeiten, die auf ihn zukommen, erkennt. Fatalerweise ist es nicht einfach, diese Schwierigkeiten zu umgehen (siehe Graphik II), denn sie liegen haarscharf an der Grenze der Handlungsspielräume. Das weiß Mitarbeiter B nicht, aber er ahnt es.

Mitarbeiter C freut sich erst einmal über die eingeräumten neuen Freiheiten und genießt sie in vollen Zügen. Zwar verliert er dabei sein Ziel nicht aus den Augen, aber er verläßt schon mal seinen eigentlichen Arbeitsort, um sich in anderen Bereichen umzusehen – wenn er dabei auch ahnt, daß er damit seinen Kompetenzbereich überschreitet.

Wie sich die einzelnen Mitarbeiter bewegen, können Sie anhand der Graphik III verfolgen. Dort finden Sie schematisch vorgeführt, wie die Mitarbeiter ihre Handlungsspielräume nutzen.

Handlungsspielräume III

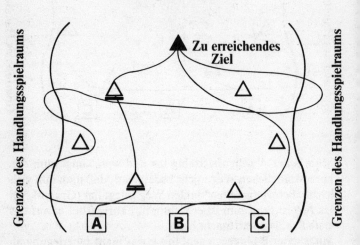

Grob betrachtet, stellt sich dies so dar: B erreicht als erster sein Ziel. Zwar hat er die Grenzen der Handlungsspielräume tangiert, diese aber nicht verlassen. C kommt als zweiter ans Ziel, jedoch mit deutlicher Überschreitung der Handlungsspielräume. Und Mitarbeiter A kommt ziemlich verspätet an. Er hat sich an den Schwierigkeiten festgebissen, stur an seinem direkten Weg festgehalten und Handlungsspielräume nicht einmal ausprobiert.

In der Endbeurteilung wird Mitarbeiter B ganz vorne liegen.

Er hat keine Ambitionen gezeigt, seinen Kompetenzbereich zu verlassen, wenn er es auch in Kauf genommen hat, manchmal hart an die Grenzen zu stoßen. Besonnen und überlegt ist er an seine Aufgabe herangegangen, hat Schwierigkeiten erkannt, bevor sie sich vor ihm auftürmten, und diese geschickt umgangen.

Mitarbeiter C und A werden nicht so gut beurteilt werden. C hat gegen die − unterschwellig gesetzten − Handlungsspielräume verstoßen, indem er Grenzen überschritt, die man ihm gezogen hat. „Mißbrauch eingeräumter Freiheiten" nennt man so etwas. Ganz Findige würden dies natürlich als Kreativität auslegen, als Lust am Experimentieren, nur − beides ist im Betriebsalltag der meisten Unternehmen nicht sehr gefragt. Es mag offenbleiben, wer dabei den Schaden trägt.

Mitarbeiter A hat sich als völlig unflexibel erwiesen, als stur, besessen, ohne Ambitionen. Im späteren Zeugnis wird dann unter Umständen folgende Formulierung vorkommen: „Er hat sich allen Aufgaben mit Freude gewidmet." Im Klartext heißt dies: Er hat zwar alles versucht, nur herausgekommen ist dabei selten etwas. Nicht gerade das, was man eine gute Referenz nennt.

Sicher ist Ihnen inzwischen klargeworden, was mit diesen Beurteilungen bezweckt wird und inwiefern sich diese Beurteilungen auf Ihr späteres Arbeitszeugnis auswirken. Damit haben wir die Voraussetzung geschaffen, uns nunmehr ganz konkret der Thematik des Arbeitszeugnisses zu widmen.

Die verschiedenen Zeugnisarten

Arbeitszeugnis ist nicht gleich Arbeitszeugnis. Zur leichteren Übersicht finden Sie hier alle Zeugnisarten zusammengestellt, wobei wir auch die Arbeitsbescheinigung einbezogen haben. Zwar überschreiten wir damit die eigentliche Bedeutung des Begriffs Zeugnis, doch ist die Arbeitsbescheinigung ein wichtiges Dokument, das dennoch aber in den meisten Darstellungen zum Thema Zeugnis sträflich vernachlässigt wird.

Arbeitsbescheinigung

Diese Bescheinigung ist besonders wichtig, wenn Sie einen Anspruch auf Arbeitslosengeld auf dem Arbeitsamt anmelden müssen. Solange die Arbeitsbescheinigung nicht vorliegt, kann das Arbeitsamt keine Entscheidung über die Zahlung von Arbeitslosengeld treffen.

Aus diesem Grund ist jeder Arbeitgeber verpflichtet, dem Arbeitnehmer bei Beendigung des Arbeitsverhältnisses eine Arbeitsbescheinigung auszustellen. Dabei ist es gleichgültig, ob:

- Der Arbeitnehmer gekündigt hat
- Der Arbeitgeber gekündigt hat
- Der Betrieb in Konkurs geht
- Die Kündigung — gleich von welcher Seite sie erfolgt — überhaupt rechtswirksam ist.

Gerade der Umstand, daß sich nach einer Kündigung ein Rechtsstreit vor dem Arbeitsgericht ergeben kann, darf kein Grund für die Verweigerung einer Arbeitsbescheinigung sein. Dies ergibt sich schon daraus, daß der alte Arbeitgeber ja Lohn/Gehalt nicht weiterzahlt und der Arbeitnehmer ohne die Arbeitsbescheinigung sein Anrecht auf Arbeitslosengeld nicht geltend machen kann.

Dabei wollen wir es zunächst belassen. Natürlich ist es für das Arbeitsamt von Bedeutung, wer und aus welchem Grund gekündigt hat. Kündigt der Arbeitgeber, weil die Nachfragesituation schlecht ist oder weil Rationalisierungen anstehen, wird das Arbeitsamt keine Sperrfrist festsetzen, sondern das Arbeitslosengeld ausbezahlen. Dies ist sogar dann der Fall, wenn ein Arbeitnehmer von selbst kündigt, weil der Arbeitgeber ihm seit mehreren Monaten nicht mehr das Gehalt ausgezahlt hat.

Kündigt hingegen der Arbeitnehmer, ohne daß hierfür triftige Gründe vorliegen, wird das Arbeitsamt eine Sperrfrist verhängen. Ebenso wird es reagieren, wenn ein Arbeitnehmer seinen Arbeitsplatz grob fahrlässig verloren hat.

Damit sind wir auch schon bei der Frage, welche Bestandteile die Arbeitsbescheinigung enthalten muß:

- Art der ausgeübten Tätigkeit
- Dauer des Beschäftigungsverhältnisses
- Höhe von Lohn/Gehalt
- Wer hat gekündigt?
- Grund der Kündigung.

Kommt der Arbeitgeber seiner Verpflichtung zur Ausstellung einer Arbeitsbescheinigung nicht nach oder ist diese unvollständig, so begeht der Arbeitgeber eine Ordnungswidrigkeit. Diesen Fehler erlaubt er sich gegenüber dem Arbeitsamt, und damit sind wir bei einem heiklen Punkt angekommen.

Was geschieht nämlich, wenn die Arbeitsbescheinigung nicht richtig ausgefüllt ist? Leider tritt kein Amt oder keine Behörde für den Arbeitnehmer ein, denn er hat gegenüber dem Arbeitgeber keinen Anspruch auf Richtigstellung der Arbeitsbescheinigung. Es bleiben ihm nur der Weg zum Sozial- oder Arbeitsgericht und das Rechtsmittel der Anfechtungsklage. Unter Umständen führt dann der nächste Weg direkt zum Sozialamt. Eine Situation, die so auf Dauer nicht Bestand haben darf.

Checkliste
Arbeitsbescheinigung

● Inhalte der Arbeitsbescheinigung:

- Art der Tätigkeit

- Dauer des Beschäftigungsverhältnisses

- Höhe des letzten Gehalts/Lohns

- Grund der Beendigung des Beschäftigungsverhältnisses

● Rechte des Arbeitnehmers:

- Anrecht auf Ausstellung einer Arbeitsbescheinigung

- Bei unrichtig ausgestellter Arbeitsbescheinigung kann Anfechtungsklage vor dem Sozialgericht erhoben werden.

Einfaches Zwischenzeugnis

Ein einfaches Zwischenzeugnis hat folgenden Inhalt:

● Dauer der Beschäftigung
● Beschreibung der ausgeübten Tätigkeit.

Ein einfaches Zwischenzeugnis enthält keine Bewertung der „Leistung und Führung". Die Bewertung darf auch nicht in der Tätigkeitsbeschreibung versteckt sein.

> **Richtig:**
> *Herr Mark Malmor ist seit dem 1.08.1986 bei uns als kaufmännischer Angestellter beschäftigt.*

> **Falsch:**
> *Herr Mark Malmor ist seit dem 1.08.1986 als gewissenhafter kaufmännischer Angestellter bei uns beschäftigt.*

Der Arbeitnehmer besitzt ein Anrecht auf Ausstellung eines solchen Zwischenzeugnisses, wenn er ein berechtigtes Interesse vorweisen kann.

Das heißt: Während eines Beschäftigungsverhältnisses kann der Arbeitnehmer zu jeder Zeit ein einfaches Zwischenzeugnis verlangen, das die oben erwähnten Inhalte aufweist, wenn er dies zum Nachweis eines Beschäftigungsverhältnisses braucht. Dies kann zum Beispiel dann der Fall sein, wenn er anderweitige Rechtsgeschäfte tätigen möchte, die ohne ein solches Zwischenzeugnis nicht möglich sind (Kreditaufnahme).

Dabei ist es nicht immer notwendig, ein berechtigtes Interesse belegen zu müssen. Dieser Nachweis entfällt dann, wenn vertraglich geregelt ist, daß er nicht erbracht werden muß.

Die betreffende Klausel kann durch den Arbeitsvertrag, durch eine Tarifregelung oder durch eine interne Betriebsvereinbarung gegeben sein. Im Zweifelsfall sollten Sie sich bei Beginn eines neuen Arbeitsverhältnisses erkundigen, wie die Regelung in dem neuen Unternehmen aussieht, und eventuell darauf drängen, eine einzelvertragliche Bestimmung (also in Ihrem neuen Arbeitsvertrag) zu erreichen.

Checkliste

Einfaches Zwischenzeugnis

● Bestandteile:

  – Vor- und Nachname des Arbeitnehmers
  – Dauer des Beschäftigungsverhältnisses
  – Art der Tätigkeit

● Kein Thema:

  – Eine Beurteilung der Leistung des Arbeitnehmers
  – Eine versteckte Beurteilung, also „zwischen den Zeilen" stehend

● Anspruch auf Ausstellung:

  – Immer dann, wenn der Arbeitnehmer ein berechtigtes Interesse vorweisen kann
  – Zu jeder Zeit, wenn per Vertrag geregelt ist, daß kein berechtigtes Interesse vorzuweisen ist.

Qualifiziertes Zwischenzeugnis

Das qualifizierte Zeugnis hat den gleichen Inhalt wie das einfache Zeugnis. Nur kommt eine Beurteilung von „Leistung und Führung" – wie das so unschön heißt – hinzu.

Solch ein qualifiziertes Zwischenzeugnis könnte also so aussehen:

> *Herr Gerhard ist seit dem 23. 04. 1986 bei uns als Werkzeugmacher beschäftigt.*
> *Die ihm übertragenen Aufgaben hat er stets zu unserer vollsten Zufriedenheit erledigt.*
> *Auch von seinen Kollgen wird Herr Gerhard wegen seines freundlichen Verhaltens geschätzt.*

Damit stellt sich wieder die Frage, zu welchem Zeitpunkt ein Arbeitnehmer einen Anspruch auf Ausstellung eines qualifizierten Zwischenzeugnisses hat.

Hier gilt im Grunde das gleiche wie für das einfache Zwischenzeugnis. Jeder Arbeitnehmer hat während der Dauer eines Beschäftigungsverhältnisses einen Anspruch auf Ausstellung eines qualifizierten Zwischenzeugnisses, wenn er daran ein berechtigtes Interesse hat.

Im wesentlichen sind es drei Gründe, die für ein berechtigtes Interesse an einem solchen Zeugnis sprechen:

● Bewerbung: Der Arbeitnehmer hat die Absicht, sich bei einem anderen Unternehmen zu bewerben. Gründe dafür können eine ausgesprochene Änderungskündigung durch den Arbeitgeber, der Abschluß eines Auflösungsvertrages, eine fristgerechte Kündigung oder das absehbare Ende des Bestehens des Unternehmens sein.

Existiert ein befristeter Arbeitsvertrag, ist zu beachten, daß ein Zwischenzeugnis erst dann verlangt werden kann, wenn zu diesem Zeitpunkt fristgerecht hätte gekündigt werden müssen.

- Beleg: Nehmen wir an, ein Arbeitnehmer wird nach längerer oder auch kürzerer Zeit innerhalb des Betriebes versetzt. Dabei ist es gleichgültig, ob er nach der Versetzung mit neuen oder mit den alten Aufgaben betraut wird. In diesem Fall hat der Arbeitnehmer ein berechtigtes Interesse an der Ausstellung eines qualifizierten Zwischenzeugnisses. Diese Voraussetzung ist auch dann gegeben, wenn der direkte Vorgesetzte des Arbeitnehmers den Betrieb oder innerhalb des Betriebes die Abteilung wechselt.

- Sonstiges: Sonstige berechtigte Interessen liegen für den Arbeitnehmer immer dann vor, wenn er ein qualifiziertes Zwischenzeugnis benötigt, um sich zum Beispiel zu einer Weiterbildungsmaßnahme anzumelden, eine Prüfung zu absolvieren oder ein Rechtsgeschäft zu tätigen. Wie beim einfachen Zwischenzeugnis gilt auch hier, daß der Nachweis eines besonderen Interesses entfallen kann, wenn dies vertraglich (einzelvertraglich, betriebsvertraglich, tarifvertraglich) geregelt ist. Auch darüber sollten Sie sich vor der Unterschrift unter einen neuen Arbeitsvertrag genau informieren.

Ganz wichtig für jeden Arbeitnehmer ist zudem eine Entscheidung des Landesarbeitsgerichts München, die besagt, daß ein Arbeitgeber in einem qualifizierten Endzeugnis (Seite 65 ff.) bei der Beurteilung von „Leistung und Führung" eines Arbeitnehmers nicht von der Beurteilung in einem früher ausgestellten qualifizierten Zwischenzeugnis abweichen darf. Zumindest insofern nicht, als dies zum Nachteil des Arbeitnehmers geschieht. Abweichungen sind nur für den Fall möglich, daß ein wichtiger Grund dafür vorliegt.
Was bedeutet diese Entscheidung für den Arbeitnehmer? Er sollte immer dann die Ausstellung eines qualifizierten Zwi-

schenzeugnisses verlangen, wenn er innerhalb des Betriebes versetzt wird oder sein direkter Vorgesetzter versetzt wird. Denn es kann immer sein, daß er mit dem neuen Vorgesetzten nicht zurechtkommt, was unter Umständen negative Auswirkungen auf ein qualifiziertes Endzeugnis haben könnte.

Checkliste
Qualifiziertes Zwischenzeugnis

● Bestandteile:

- – Vor- und Nachname des Arbeitnehmers
- – Dauer des Beschäftigungsverhältnisses
- – Beurteilung von „Leistung und Führung"

● Anspruch auf Ausstellung:

- – Immer dann, wenn ein berechtigtes Interesse des Arbeitnehmers vorliegt

● Berechtigte Interessen:

- – Bewerbung bei einem anderen Arbeitgeber
- – Versetzung innerhalb des Betriebes
- – Betreuung mit einem neuen Aufgabengebiet
- – Versetzung oder Ausscheiden des Vorgesetzten
- – Beleg für außerbetriebliche Angelegenheiten
- – Ein berechtigtes Interesse muß immer dann nicht vorliegen, wenn dies vertraglich geregelt ist.

Einfaches Endzeugnis

Einen Anspruch auf Ausstellung eines einfachen Endzeugnisses hat grundsätzlich jeder Arbeitnehmer, und zwar jeweils zum Ende eines Beschäftigungsverhältnisses. Die Gründe für die Beendigung des Arbeitsverhältnisses sind dabei nicht maßgebend. Auch dessen Dauer spielt keine Rolle (auch nicht während einer vertraglich vereinbarten Probezeit).

Dieser Anspruch des Arbeitnehmers gegenüber dem Arbeitgeber ist gesetzlich geregelt. Für gewerbliche Mitarbeiter ist dafür der Paragraph 113 der Gewerbeordnung, für kaufmännische Mitarbeiter der Paragraph 73 des Handelsgesetzbuches und für die übrigen Arbeitnehmer der Paragraph 630 des Bürgerlichen Gesetzbuches zuständig.

Ein einfaches Endzeugnis muß zumindest folgende Bestandteile aufweisen:

● Dauer des Beschäftigungsverhältnisses
● Genaue Beschreibung der ausgeübten Tätigkeit.

Gerade der zweite Punkt ist sehr wichtig, damit sich ein neuer Arbeitgeber aufgrund des Zeugnisses ein genaues und exaktes Bild von Ihrem Tätigkeitsfeld machen kann.

Zu beachten ist, daß der Anspruch auf Ausstellung eines einfachen Endzeugnisses immer dann besteht, wenn das Arbeitsverhältnis tatsächlich endet, der Arbeitgeber also den Arbeitnehmer nicht weiterbeschäftigt.

Checkliste
Einfaches Endzeugnis

● Mindestbestandteile:

- Vor- und Nachname des Arbeitnehmers
- Genaue und genügende Beschreibung des Tätigkeitsfeldes des Arbeitnehmers
- Dauer des Beschäftigungsverhältnisses

● Anspruch auf Ausstellung:

- Bei der tatsächlichen Beendigung des Arbeitsverhältnisses; der Arbeitgeber beschäftigt den Arbeitnehmer nicht weiter
- Dieser Anspruch besteht selbst dann, wenn der Arbeitnehmer vor dem Arbeitsgericht eine Kündigungsschutzklage einreicht

● Rückgabe des Zeugnisses:

- Wird gerichtlich entschieden, daß die ausgesprochene Kündigung unwirksam ist, muß das Zeugnis zurückgegeben werden
- Wird gerichtlich festgestellt, daß die Kündigung zu einem späteren Zeitpunkt rechtswirksam wird, ist das Zeugnis ebenfalls zurückzugeben. Der Arbeitnehmer erhält dann zum späteren Zeitpunkt ein zeitlich berichtigtes Endzeugnis ausgehändigt.

Qualifiziertes Endzeugnis

Das qualifizierte Endzeugnis unterscheidet sich vom einfachen vor allem durch die Zusätze. Über die reine Tätigkeitsbeschreibung hinaus nämlich muß das qualifizierte Endzeugnis eine Beurteilung von „Leistung und Führung" beinhalten.
Auf dieses qualifizierte Endzeugnis hat – wie beim einfachen Endzeugnis – jeder Arbeitnehmer einen Anspruch. Wichtig ist jedoch wiederum der Zeitpunkt, zu dem es erhoben wird. Hier kommt es erneut auf die tatsächliche Beendigung des Arbeitsverhältnisses an. Dieser unterscheidende Moment ist immer dann gekommen, wenn der Arbeitgeber den Arbeitnehmer nicht mehr weiterbeschäftigt, in der Regel also der Zeitpunkt nach Ablauf der Kündigungsfrist. Eine Ausnahme bildet natürlich die fristlose Kündigung.
Welche Bestandteile muß nun dieses qualifizierte Endzeugnis ganz genau haben?

- Vor- und Zuname des Arbeitnehmers
- Geburtsdatum und Geburtsort
- Anschrift (kann, muß nicht, steht jedoch gegebenenfalls im Briefkopf)
- Dauer der Beschäftigung mit genauer Angabe des Beginns und des Endes des Beschäftigungsverhältnisses
- Beruf des Arbeitnehmers
- Beschreibung der Arbeitstätigkeit
- Entwicklung eventueller Veränderungen während des Beschäftigungsverhältnisses
- Beurteilung von „Leistung und Führung"
- Grund des Ausscheidens aus dem Unternehmen
- Ort und Datum der Ausstellung
- Unterschrift des Arbeitgebers oder einer von diesem beauftragten Person.

Eine Einschränkung ist an dieser Stelle zu machen. Dauerte das Arbeitsverhältnis nur sehr kurze Zeit, so kann es vorkommen, daß der Arbeitgeber nur bereit ist, ein einfaches Endzeugnis auszustellen, weil er nicht genügend Zeit und Gelegenheit hatte, die „Leistung und Führung" des Arbeitnehmers zu beurteilen.

Sollte dies bei Ihnen der Fall sein, müssen Sie sich überlegen, ob für Sie ein einfaches Endzeugnis ausreicht und die Argumentation des Arbeitgebers richtig ist. Sollten Sie nicht zu diesem Ergebnis kommen, bleibt nur der Tip, sich rechtlichen Rat einzuholen, zum Beispiel bei der Gewerkschaft, wenn Sie Gewerkschaftsmitglied sind, oder bei einem Rechtsanwalt.

Checkliste

Qualifiziertes Endzeugnis

● Bestandteile:

- Vor- und Nachname des Arbeitnehmers
- Geburtsdatum und Geburtsort des Arbeitnehmers
- Dauer des Beschäftigungsverhältnisses mit genauer Angabe von Beginn und Ende
- Beruf des Arbeitnehmers oder zumindest Bezeichnung der ausgeübten Tätigkeit oder Funktion
- Genaue Beschreibung der Arbeitstätigkeit
- Bewertung von „Leistung und Führung"
- Grund des Ausscheidens
- Art des Ausscheidens

● Anspruch auf Ausstellung:

- Immer dann, wenn ein Beschäftigungsverhältnis tatsächlich endet
- Dieser Anspruch besteht auch dann, wenn der Arbeitnehmer vor dem Arbeitsgericht eine Kündigungsschutzklage erhebt

● Rückgabe des Zeugnisses:

- Wird vom Arbeitsgericht festgestellt, daß die vom Arbeitgeber ausgesprochene Kündigung unwirk-

sam war, ist das Zeugnis dem Arbeitgeber zurückzugeben

- Stellt das Arbeitsgericht fest, daß die Kündigung
  erst zu einem späteren Zeitpunkt wirksam wird,
  ist das Zeugnis ebenfalls zurückzugeben. Der Arbeitnehmer erhält dann zu dem wirksamen Zeitpunkt der Kündigung ein neues Zeugnis mit diesem Datum ausgestellt.

Wichtig:

● Der Anspruch auf Ausstellung eines Endzeugnisses
besteht nur bei tatsächlicher Beendigung des Arbeitsverhältnisses

● Der Arbeitnehmer hat dann das Recht, dieses Zeugnis von seinem Arbeitgeber zu verlangen

● Steht der Arbeitnehmer in einem ungekündigten Arbeitsverhältnis, muß er ein berechtigtes Interesse vorweisen können, sofern nicht eine vertragliche Vereinbarung besteht, daß auf den Nachweis eines besonderen Interesses verzichtet werden kann

● Besondere Interessen sind
  - Eine Bewerbung
  - Fortbildung
  - Wechsel des Aufgabengebiets.

Formfragen –
bloße Formalität?

Sicher ist Ihnen klar, daß ein Zeugnis nicht einfach auf Butterbrotpapier geschrieben sein darf. Doch auch ein blütenweißes Blatt Papier allein genügt nicht den Ansprüchen, die an ein Zeugnis zu stellen sind.
Das Zeugnis muß nämlich unbedingt auf dem Firmenpapier des ausstellenden Unternehmens geschrieben sein. Das heißt, daß das Zeugnis auf einem Briefbogen stehen muß, der den Briefkopf des betreffenden Unternehmens aufweist.
Ist dieser Formalie Genüge getan, überprüfen Sie, ob das Zeugnis, das man Ihnen ausgestellt hat, fehlerfrei geschrieben ist. Diesem Anspruch muß das Endzeugnis nämlich ebenfalls gerecht werden. Der Reihe nach stellen wir nun die wichtigsten Bestandteile vor.

Einfaches Endzeugnis

Am oberen Ende des Blattes muß also klar ersichtlich sein, wer der Ausstellende ist, das heißt, dort muß der Name des Unternehmens stehen. Da in der Regel der Formbrief des Unternehmens verwendet wird, sollte dies keine große Schwierigkeit darstellen.
Unter diesem Briefkopf befindet sich dann die Überschrift. Diese kann entweder *Zwischenzeugnis* oder *Zeugnis* lauten.
Darunter muß vermerkt sein, für wen dieses Zeugnis ausge-

stellt worden ist. Diese Passage sollte folgende Bestandteile aufweisen:

- Vor- und Nachname des Arbeitnehmers
- Geburtsdatum
- Anschrift des Arbeitnehmers.

Punkt drei, dies ist wichtig, ist eine „Kann"-, jedoch keine „Muß"-Bestimmung!
Zu dieser eben genannten Passage kommen dann noch folgende Teile hinzu:

- Dauer des Arbeitsverhältnisses mit genauer Angabe des Beginns und des Endes des Arbeitsverhältnisses
  Maßgebend dafür ist die rechtliche Dauer des Beschäftigungsverhältnisses (zum Beispiel bei einer gerichtlichen Klärung)
- Berufsbezeichnung des Arbeitnehmers bzw. Tätigkeitsbeschreibung (kurz gefaßt) bzw. ausgeübte Funktion.
- Ort und Datum
- Unterschrift des Arbeitgebers oder die Unterschrift einer beauftragten Person.

Damit haben wir noch nicht alles berührt, worauf Sie achten sollten, doch müssen wir nun bei den weiteren Punkten zwischen dem einfachen Endzeugnis und dem qualifizierten Endzeugnis unterscheiden.
Die bisher genannten Bestandteile des Zeugnisses werden im einfachen Endzeugnis zumeist in einem einzigen Satz abgehandelt. Der kann zum Beispiel so aussehen:

Frau Claudia Martinus war vom 1. Januar 1986 bis zum 31. Dezember 1987 bei uns als Aushilfssekretärin tätig.

An dieser Stelle muß wieder einmal auf eine wichtige Ausnahme hingewiesen werden, die die Auszubildenden betrifft: Sie erhalten nämlich ein besonderes Ausbildungszeugnis.

Ausbildungszeugnis

Ein einfaches Ausbildungszeugnis muß unbedingt die Berufsausbildung nennen. Neben ihrer Bezeichnung ist beim einfachen Ausbildungszeugnis das Ausbildungsziel Bestandteil des Zeugnisses. Und drittens kommen bei diesem Zeugnis stichprobenartige Angaben über die erworbenen „Kenntnisse und Fähigkeiten" hinzu. Damit ist auch das einfache Ausbildungszeugnis vollständig – bis auf die Unterschrift. Hat der Aussteller die Ausbildung nicht selbst vorgenommen (üblich bei größeren Betrieben), so ist das einfache Ausbildungszeugnis zusätzlich vom Ausbilder zu unterschreiben.

Checkliste
Einfaches Ausbildungszeugnis

● Bestandteile:

- Briefkopf der Ausbildungsstätte
- Vor- und Nachname des Auszubildenden
- Geburtsdatum
- (Eventuell:) Anschrift
- Tätigkeitsbeschreibung
- Erworbene „Kenntnisse und Fähigkeiten"
- Ort und Datum
- Unterschrift des Arbeitgebers (falls nicht mit dem Ausbilder identisch: zusätzlich die Unterschrift des Ausbilders)

● Anspruch auf Ausstellung:

- Bei der tatsächlichen Beendigung des Ausbildungsverhältnisses bzw. bei Nachweis eines berechtigten Interesses (soweit vertraglich keine anderen Vereinbarungen bestehen: Zum Beispiel Wegfall des Nachweises eines besonderen Interesses).

Muster

Einfaches Ausbildungszeugnis

Münchmeyer GmbH & Co KG
Eisenwarengroßhandlung
Siesmeyerstr. 67
7000 Stuttgart

ZEUGNIS

Frau Heike Castalo, geboren am 23. 09. 1969 in Esslingen, absolvierte vom 01. 09. 1986 bis zum 31. 12. 1988 eine Ausbildung als kaufmännische Angestellte.

Ihr Schwerpunkt und Hauptaufgabengebiet lag in der Buchhaltung. Dabei hat Frau Castalo besondere Kenntnisse im Bereich des Mahnwesens und der Fakturierung erlangt.

Stuttgart, den 30. 12. 1988

_____

Unterschrift

Muster

Ausbildungszeugnis

Karl & Co. GmbH
Schmuckwarenfachhandel
Eisengasse 6
8750 Aschaffenburg

AUSBILDUNGSZEUGNIS

Herr Manfred Lahmann, geboren am 12. 08. 1969 in Oldenburg, war bei uns seit dem 01. 09. 1985 als Auszubildender zum Einzelhandelskaufmann beschäftigt.

Im on-the-job-Verfahren wurde er mit allen wesentlichen Arbeiten seines Sachgebietes bekannt gemacht.

Er durchlief dabei die Abteilungen: Verkauf, Ankauf, Lager, Buchhaltung und Kostenrechnung (Kalkulation).

Herr Lahmann erwies sich als fleißig und äußerst lernwillig. Seine Leistungen wie seine persönliche Führung waren untadelig.

Der Schwerpunkt seiner erworbenen Kenntnisse liegt eindeutig auf dem Gebiet der Kostenrechnung.

Aus firmeninternen Gründen können wir Herrn Lahmann nicht ins feste Beschäftigungsverhältnis übernehmen. Wir wünschen ihm für seinen weiteren beruflichen Weg viel Erfolg.

Aschaffenburg, den 23. 08. 1988

_____
Unterschrift

Grundbestandteile des qualifizierten Endzeugnisses

Das qualifizierte Zeugnis unterscheidet sich in den Grundbestandteilen nicht vom einfachen Endzeugnis. Es weist demnach folgende Grundbestandteile auf:

- Im Briefkopf erkenntlicher Arbeitgeber
- Überschrift: Zeugnis
- Vor- und Nachname des Arbeitnehmers
- (Eventuell:) Geburtstag und Geburtsort
- (Eventuell:) Anschrift des Arbeitnehmers
- Dauer des Beschäftigungsverhältnisses mit genauer Angabe von Beginn und Ende
- Berufsbezeichnung oder Tätigkeitsbeschreibung/Funktion.

Diesen Bestandteilen folgen beim qualifizierten Endzeugnis noch folgende Punkte:

- Beurteilung von „Leistung und Führung"
- In diese Beurteilung eingeschlossen ist eine Beschreibung der Tätigkeit des Arbeitnehmers und seiner beruflichen Entwicklung während des Beschäftigungsverhältnisses
- Abgeschlossen wird diese Passage in der Regel durch eine „Gesamtbewertung" des Arbeitnehmers
- Es folgt die Bemerkung über die Art des Ausscheidens
- Beendet wird das qualifizierte Endzeugnis durch die Unterschrift des Arbeitgebers oder einer von ihm autorisierten Person
- Der Unterschrift vorangestellt sind meist Ort und Datum. Diese Angaben können aber auch zu Beginn des Zeugnisses gemacht werden.

Bevor wir uns diese einzelnen Bestandteile näher ansehen, wollen wir uns einmal Gedanken darüber machen, was „Leistung und Führung" eigentlich bedeuten.

Wertung von Leistung

Was verbirgt sich hinter „Leistung und Führung"?

Techniker haben es relativ einfach, wenn es um die Beurteilung von Leistung geht. Auch jeder Autobesitzer kann sich wohl eine Vorstellung davon machen: Wenn Sie zum Beispiel nicht wissen, wieviel PS Ihr Pkw hat, müssen Sie nur in den Kraftfahrzeugschein schauen, und schon haben Sie es schwarz auf weiß.

Auch wenn es um den Begriff „Arbeit" geht, kommt der Techniker nicht in Verlegenheit. Er definiert „Arbeit" als Produkt aus „Kraft und Weg".

Ein Bergsteiger zum Beispiel, der mitsamt seiner Ausrüstung 900 Newton auf die Waage bringt und einen 4000 Meter hohen Berg besteigt, erbringt rein „technisch" eine Leistung, die sich wie folgt berechnet:

$$W = 900 \times 4000 \ \mathrm{Nm}$$
$$= 900 \times 4000 \times 2{,}78 \times 10^{-7} \ \mathrm{kW}$$
$$= 1 \ \mathrm{KWh}$$

Diese erbrachte Leistung von einer Kilowattstunde läßt sich leicht in Mark umrechnen. Bei einem angenommenen Wert von 0,11 Pfennig erbringt unser Bergsteiger also einen Arbeitswert, der 0,11 Pfennig entspricht. (Beispiel nach Reiner Brehler, Managementmethoden, Heidelberg 1979). Wie aber soll man das „soziale Verhalten" beurteilen? Dieser Begriff verbirgt sich nämlich hinter dem Wort „Führung". Und wie die „Leistung", die der Arbeitnehmer erbringt? Für beide gibt es keine Formel, nach der sich objektiv rechnen ließe.

Der Soziologe Ralf Dahrendorf bemerkt dazu:

Der einzelne kann nicht nur, er muß in der Regel eine Mehrzahl von Positionen einnehmen, und es läßt sich vermuten, daß die Zahl der auf einzelne entfallenden Positionen mit der Komplexität von Gesellschaften wächst.

Der Begriff „Position" läßt sich unschwer durch den Begriff „Rolle" ersetzen. So kann zum Beispiel einer in seiner Rolle als Richter sehr streng verfahren und zu Hause, in seiner Rolle als Vater, äußerst liebevoll agieren. Hören wir dazu nochmals Ralf Dahrendorf:

Als Vater wird Herr Schmidt für seine Kinder sorgen, ihr Fortkommen fördern, sie verteidigen und lieben. Als Studienrat wird er seinen Schülern Wissen vermitteln, sie gerecht beurteilen, die Eltern beraten, dem Direktor Respekt erweisen, in seiner Lebenshaltung Vorbild sein. Als Parteifunktionär wird er Versammlungen besuchen, Reden halten, neue Mitglieder zu werben versuchen. Nicht nur, was Herr Schmidt tut, sondern auch was ihn kennzeichnet, können wir bis zu einem gewissen Grade aus seinen Positionen ablesen – in der Tat verrät uns das Aussehen eines Menschen oft „wer er ist", d.h. welche sozialen Positionen er einnimmt. Als Studienrat trägt er die „anständige", aber nicht zu gute Kleidung eines Lehrers mit blankgescheuerten Hosen und Ellbogen; als Ehemann trägt er den Ehering; ob die Y-Partei eine radikale Partei ist, kann man ihm wahrscheinlich ansehen; seine Erscheinung ist sportlich; er ist vermutlich ein überdurchschnittlich intelligenter und aktiver Mann.

Sie sehen, wie vage sich Dahrendorf zuweilen ausdrückt:

„vermutlich", „wahrscheinlich". Dahinter steckt der Wunsch nach präzisem Wissen.

Unstreitig jedoch ist, daß mit diesen verschiedenen Rollen bestimmte Erwartungen verbunden sind.

Dahrendorf unterscheidet zwischen „Muß"-, „Soll"- und „Kann"-Erwartungen (in: Homo Sociologicus, Opladen 1971):

Muß-Vorschriften (sind) gewissermaßen der harte Kern jeder sozialen Rolle; sie sind nicht nur formulierbar, sondern ausdrücklich formuliert; ihre Verbindlichkeit ist nahezu absolut; die ihnen zugeordneten Sanktionen sind ausschließlich negativer Natur.

Außer Muß-Erwartungen kennen die meisten sozialen Rollen gewisse Soll-Erwartungen, deren erzwingbare Verbindlichkeit kaum geringer ist als die der Muß-Erwartungen. Auch bei Soll-Erwartungen überwiegen negative Sanktionen, obwohl derjenige, der ihnen stets pünklich nachkommt, der Sympathie seiner Mitmenschen sicher sein kann: Er „verhält sich vorbildlich", „tut immer das Richtige", auf ihn „ist Verlaß".

Dagegen darf derjenige sich vor allem positive Sanktionen erhoffen, der einer dritten Gruppe von Rollenerwartungen regelmäßig nachkommt, den Kann-Erwartungen. Wenn Herr Schmidt einen großen Teil seiner Freizeit damit zubringt, Gelder für seine Partei zu sammeln, wenn er als Studienrat freiwillig ein Schulorchester leitet oder als Vater seinen Kindern jede freie Minute schenkt, dann tut er, wie wir sagen, „ein übriges" und erwirbt sich damit die Schätzung seiner Mitmenschen.

Genauso wie von Dahrendorf beschrieben, verhält es sich auch im alltäglichen Arbeitsleben. Wenn wir die Erwartungen in eine Tabelle übertragen, dann kann dies zum Beispiel so aussehen:

Art der Erwartung	Art der Sanktion	Beispiel
Muß-Erwartung	Gerichtliche Bestrafung	Diebstahl
Soll-Erwartung	Abmahnung	Pünktlichkeit
Kann-Erwartung	Lob	Engagement

Aus solchen Erwartungshaltungen lassen sich natürlich Anforderungsprofile erstellen. Nachstehend finden Sie ein Beispiel für das Profil eines Vorgesetzten (nach Brehler):

Seriös
Sicher
Gesund
Schnell
Flexibel
Väterlich
Dynamisch
Belastbar
Konsequent
Leistungsfähig
Problemorientiert
Leistungsorientiert
Menschenfreundlich

Personalkontrollkarte

Beziehen wir die bisherigen Ausführungen auf das Thema Arbeitszeugnis, so ergibt sich, daß die an den Arbeitnehmer gestellten Erwartungen kontrolliert, bewertet und festgehalten werden. Zur Kontrolle und Archivierung dienen dabei Personalkontrollkarten. Wie so eine Kontrollkarte (nach Brehler) aussieht, sehen Sie hier.

Muster

Personalkontrollkarte

Mitarbeiter: Möller, Heinrich

Kontroll-objekt	Kontrollart (Zeitpunkt)	Kontroll-ergebnis	Stärken	Schwächen
Führungs-verhalten	Stichprobe 12.09.1987	gut		
Fachliche Qualifikation	Ergebnis-kontrolle 31.08.1988	ausreichend		Berichtswesen
Leistungs-bereitschaft	Stichprobe 08.11.1988	befriedigend		unflexibel

Brehler bemerkt dazu:

Die Personalkontrollkarte ist ein wertvolles Hilfsmittel für die Mitarbeiterbeurteilung. Von ihrer Existenz und von ihrem Inhalt muß der Betroffene nach dem Betriebsverfassungsgesetz informiert sein.

Das bedeutet für Sie konkret: Wenn in Ihrem Betrieb nie jemand auf Sie zukommt, um Sie über solche Kontrollkarten oder ähnliches zu informieren, sollten Sie in Ihrem eigenen Interesse nachfragen. Denn es ist kaum vorstellbar, daß solche Notizen in Ihrem Betrieb nicht existieren. Gegebenenfalls sollten Sie den Betriebsrat einschalten.

Auf der nächsten Seite sehen Sie noch einen anderen Kontrollbogen, der bei der Bewerberauswahl verwendet wird, in der Regel in die Personalakte eingeht und sich ebenfalls an Brehler orientiert.

Muster
Entscheidungsgitternetz bei der Bewerberauswahl

Auswahlkriterien für die Wahl	Wichtigkeit der Kriterien	Bewerber A	Bewerber B	Bewerber C
Note 1 Staatsexamen	1			
Note 2 Staatsexamen	1			
Kommunalpolitische Erfahrung	2			
Eindruck der Bewerbungsunterlagen	4			
Eindruck bei der Vorstellung	4			
Qualität der Referenzen	2			
Besondere, bereits erbrachte Leistungen	5			
Qualität der Beurteilungen	2			
Leistungsbewußtsein	5			
Mitarbeiterbewußtsein	5			
Reglementorientierung	5			
Systemorientierung	5			
Kompromißorientierung	5			
Kontinuität der bisherigen Karriere	4			
Ausgeglichen in Arbeit und Persönlichkeit	3			
Summe				

Tests

Arbeitgeber verlassen sich aber nicht nur auf solche Bewertungs- und Kontrollblätter. Mehr und mehr wird deshalb zur Testmethode gegriffen. Nicht nur bei der Einstellung, sondern mitunter auch während des Beschäftigungsverhältnisses wird getestet.

Anlässe dafür können sein:

● Geplante Versetzung
● Neues Aufgabengebiet
● Organisationsänderung
● Anstehende Beförderung
● Weiterbildungsmaßnahme.

Zumeist handelt es sich dabei um „Leistungstests". Diese Tests, die der Überprüfung des Fachwissens des Arbeitnehmers dienen, sind relativ objektiv und zweckgebunden. Sie beziehen sich auf die konkrete Situation am Arbeitsplatz. Da diese Tests auch zur Optimierung der Arbeitsplatzgestaltung und damit zur Steigerung der Arbeitszufriedenheit dienen können, besteht gegen solche Tests kein prinzipieller Einwand. Sie nützen sowohl dem Arbeitgeber als auch dem Arbeitnehmer.

Doch dann gibt es noch eine ganze Reihe anderer Tests, die zumeist unter dem Namen „Persönlichkeitstest" oder – häufiger – „Intelligenztest" auftreten. Sie machen sich leider immer breiter und hatten ursprünglich im Arbeitsleben nichts zu suchen. Sie stammen aus dem klinischen Bereich und waren Instrumente der Psychiatrie, der Psychologie und der Psychoanalyse.

Wir wollen in den Streit, der über solche Tests geführt wird, hier nicht eingreifen. Dennoch muß über das Thema gesprochen werden, weil es einen direkten Einfluß auf die Gestaltung des Zeugnisses haben kann.

Diese Tests geben vor, Aufschlüsse über folgende Faktoren liefern zu können:

● Persönlichkeitsstruktur
● Intelligenz
● Aggressionsneigung
● Kreativität
● Organisationstalent
● Psychische Störungen
● Psychische Erkrankungen
● Triebbedürfnisse.

Damit ist die Reichweite dieser Tests nicht erschöpft, aber die wesentlichsten Faktoren sind genannt.

Einer dieser Tests ist der „Benton-Test". Er dient dazu, eine Entwicklungs- und Intelligenzdiagnose zu stellen. Dabei geht es darum, Zeichnungen nach Vorgaben anzufertigen. Insgesamt sind zehn verschiedene Aufgaben zu lösen, für deren Auswertung ein spezieller Bogen zur Verfügung (siehe nächste Seite) steht. Er wird dann mit anderen Werten aus früheren Versuchen (sogenannten Standardwerten) verglichen, woraus die Beurteilung der Versuchsperson resultiert. Die Bewertungsmaßstäbe berechnen sich wie folgt:

Anzahl der richtigen Lösungen		
Wert	Intelligenzhöhe	Entsprechender IQ-Wert
10	weit überdurchschnittlich	
9	überdurchschnittlich	über 109
8	durchschnittlich	95 – 109
7	niedrig, minderbegabt	80 – 94
6	Grenzwert	70 – 79
5	Schwachsinn	unter 70
(Nach: Der Benton-Test, Bern 1981)		

Muster

Auswertungsbogen zum Benton-Test

Name _____ Datum _____ durchgeführt bei _____

Alter ____ Geschlecht ____ Fall-Nr. _____ Versuchsleiter _____

Form _____   Form _____

Karte	Wert	Fehler		Karte	Wert	Fehler
I				I		
II				II		
III				III		
IV				IV		
V				V		
VI				VI		
VII				VII		
VIII				VIII		
IX				IX		
X				X		

Anz. richtiger Lösungen _____   Anzahl richtiger Lösungen _____
Fehlerzahl _____   Fehlerzahl _____

Fehlerkategorien   Fehlerkategorien

Auslassen Entstellen Persev.   Auslassen Entstellen Persev.

Drehung Fehlplaz. Größe   Drehung Fehlplaz. Größe

rechts links   rechts links

Bemerkungen: _____
Auswertung: _____

(Nach: Der Benton-Test, Bern 1981)

Grundsätzlich ist diesen nicht berufsbezogenen Tests mit äußerster Skepsis zu begegnen. Bevor Sie einen solchen Test mit sich machen lassen, sollten Sie sich genau erkundigen, um welchen es sich handelt. Nur – was dann zu tun ist, ist leicht zu raten, jedoch weniger leicht in der Praxis umzusetzen.

Wenn Sie wissen, um welchen Test es sich handelt, sollten Sie sich bei einem unbeteiligten fachkundigen Dritten erkundigen, worum es in diesem Test geht. Denn es gibt Tests, der weitverbreitete Rorschach-Test gehört dazu, die tief in Ihre Persönlichkeit eindringen und in einem nicht klinischen Umfeld durchaus Ihre Persönlichkeitsrechte verletzen können. Wenden Sie sich also an einen Psychologen oder, wenn Sie keinen kennen, fragen Sie bei der Gewerkschaft oder bei der Volkshochschule nach, ob dieser Test unbedenklich ist. Sie gehen damit einen etwas mühsamen, aber letztendlich lohnenden Weg.

Weniger Skepsis müssen Sie rein berufsbezogenen Tests gegenüber aufbringen. Dies sind Tests, die einen unmittelbaren Bezug zu Ihrem Arbeitsplatz haben. Sie beschränken sich bei der Beurteilung auf nicht an Personen gebundene Fakten. Dazu gehört zum Beispiel der „ABAT", der Allgemeine Büroarbeitstest.

Nach dieser wichtigen Klärung der Begriffe „Leistung und Führung" wenden wir uns erneut den Bestandteilen des qualifizierten Endzeugnisses zu.

Die entscheidenden Kennzeichen des qualifizierten Endzeugnisses

Beschreibung der ausgeübten Tätigkeit

Die nun zu behandelnden Bestandteile des qualifizierten Zeugnisses machen den Unterschied zum einfachen Zeugnis aus. Gehen wir dabei chronologisch vor und beginnen daher mit der Beschreibung der ausgeübten Tätigkeit.
Diese Beschreibung darf sich nicht auf das reine Tätigkeitsfeld beschränken.

Falsch:
Herr Meier war bei uns mit allen Fragen der Buchhaltung betraut.

Gerichtsentscheide haben hier für Rechtsklarheit gesorgt. Die Beschreibung der ausgeübten Tätigkeit muß umfassend sein, darüber hinaus zutreffend und vollständig. Andernfalls kann sie ihren Zweck nicht erfüllen, der darin besteht, einem anderen Arbeitgeber ein zutreffendes Bild von der Art und dem Umfang der Tätigkeit, und zwar von der Gesamttätigkeit des Arbeitnehmers, zu geben.
Mit dieser Beschreibung der Tätigkeit sind auch (falls zutreffend) die nachstehenden Punkte aufzuführen:

● Die Tatsache, daß dem Arbeitnehmer andere Arbeitnehmer unterstellt waren
● Tätigkeiten, die weitgehend selbständig durchgeführt

wurden, ohne daß diese selbständig ausgeführten Tätigkeiten einer besonderen Kontrolle unterlagen (zum Beispiel Chefsekretärin)
- Betrauung mit anderen Aufgaben oder einem anderen Tätigkeitsgrad während des Beschäftigungsverhältnisses, Karrieresprung (zum Beispiel Versetzung).

Die beiden zuletzt genannten Punkte werden uns im nächsten Aspekt des qualifizierten Zeugnisses gleich wieder begegnen.

Bewertung von „Leistung und Führung"

Über die verschiedenen Möglichkeiten und Unmöglichkeiten, Leistung und Führung zu bewerten, haben wir bereits ausführlich gesprochen. Nun geht es jedoch darum, wie diese Beurteilung sich im Zeugnis niederschlägt, das heißt, welche Aspekte der verschiedenen Bewertungen unbedingt vom Arbeitgeber zu berücksichtigen sind. Die Hauptpunkte hierzu lauten:

- Die Kenntnisse und Fähigkeiten des Arbeitnehmers
- Seine fachliche Qualifikation
- Die Qualität der Arbeitsweise
- Die daraus entstehenden Erfolge (falls vorweisbar).

Decken diese Punkte den Begriff „Leistung" ab, so bestimmen die folgenden den Begriff „Führung", den wir oben auch „soziales Verhalten" genannt haben:

- Pünktlichkeit
- Verhalten gegenüber Vorgesetzten
- Verhalten gegenüber Mitarbeitern

- Verhalten gegenüber Kunden
- Verhalten gegenüber ihm unterstellten Mitarbeitern (Führungsqualität)
- Einstellung zur Arbeit (Engagement, Motivation)
- Verantwortungsbewußtsein
- Leistungsbereitschaft (Arbeitseinsatz)
- Entscheidungsfreudigkeit
- Ehrlichkeit
- Interesse für die Belange des Betriebes
- Ergreifen von Fort- und Weiterbildungsmaßnahmen
- Allgemeines Verhalten.

Wie Sie aus den einzelnen Punkten ersehen können, ist nicht immer klar ersichtlich, zu welchem der beiden Begriffe, Leistung oder Führung, die genannten Punkte denn nun gehören. Im Einzelfall ist dies tatsächlich nur schwer zu entscheiden. Sie spielen aber eine Rolle beim letzten wesentlichen Punkt des Endzeugnisses, der Gesamtbewertung.

Gesamtbewertung

Diese Gesamtbewertung hat vielfach zu Streit geführt und heftige Kontroversen hervorgerufen. Oft war von „Listen" die Rede, mit deren Hilfe die Arbeitgeber negative Beurteilungen in harmlos klingenden Formulierungen verstecken würden.

Es besteht hier kein Anlaß, diese Kontroverse wieder aufzurollen, auch dann nicht, wenn dieses Thema in dem einen oder anderen Buch immer wieder hervorgeholt und diskutiert wird. Es macht sich halt gut, seine Zeitgenossen aufzuklären, selbst dann, wenn dabei nur schlichter Unsinn herauskommt. Demnach soll aus einer harmlosen Formulierung herauslesbar sein, dieser Arbeitnehmer habe im Betrieb homosexuelle oder – offenbar noch pikanter – diese Arbeitnehmerin habe lesbische Kontakte gehabt.

Nichtsdestoweniger soll nicht geleugnet werden, daß hier und da der Versuch unternommen wird, negative Formulierungen in einem Zeugnis positiv zu verpacken. Und nichts eignet sich dazu besser als die Gesamtbewertung des Arbeitnehmers.

Tatsache hingegen ist, daß sich im Laufe der Zeit bei der Gesamtbewertung eine Benotung durchgesetzt hat, ohne daß dazu ein einheitlicher Konsens notwendig war. Von daher ist auch kein Arbeitgeber gezwungen oder verpflichtet, sich an diesen Konsens zu halten.

Dennoch wollen wir uns diesen Konsens, die Benotung, ansehen. Beginnen wir dabei ganz oben, gewissermaßen bei der „besten Note":

Zu unserer vollsten Zufriedenheit:
Ein größeres Lob kann Ihnen Ihr Arbeitgeber nicht ausstellen. Es bedeutet: Note „sehr gut". Diese Formulierung hat natürlich vielfältige Varianten. einige davon seien hier genannt: *immer zu unserer vollsten Zufriedenheit; stets zu unserer vollsten Zufriedenheit; in jeder Hinsicht zu unserer vollsten Zufriedenheit* usw.

Zu unserer vollen Zufriedenheit:
Auch mit dieser Note, der Note „gut", können Sie sehr zufrieden sein. Die häufigsten Varianten lauten: *stets zu unserer vollen Zufriedenheit; in jeder Hinsicht zu unserer vollen Zufriedenheit; immer zu unserer vollen Zufriedenheit* usw.

Stets zu unserer Zufriedenheit:
Diese Formulierung bietet noch keinen Grund zur Aufregung, sie steht für die Note „befriedigend". Damit gehören Sie zum guten Mittelfeld, weniger positiv ausgedrückt: zum Durchschnitt. (Sie sehen, was Wörter ausmachen können!)

Zu unserer Zufriedenheit:
Wenn das Wort „Zufriedenheit" so nackt dasteht, dann hat
Ihr Arbeitgeber Sie mit der Note „ausreichend" bedacht.

Kritisch hingegen wird es, wenn die Formulierung einen län-
geren Anlauf braucht, um zum Punkt zu kommen.

*War stets bemüht, die ihm übertragenen Aufgaben zu erle-
digen*:
Dahinter verbirgt sich schlicht die Note „mangelhaft".

Wurde den übertragenen Aufgaben nicht gerecht:
Wenn die Formulierung so deutlich wird, dann haben Sie
sich die Note „ungenügend" eingehandelt.

Jeder, der so eine Benotung in seinem Zeugnis wiederfindet,
wird sich natürlich fragen, ob ihm diese Beurteilung gerecht
wird oder ob ihm Unrecht getan wurde. Die Antwort muß
jeder erst einmal sich selbst geben. Kommt ein Arbeitnehmer zu dem Ergebnis, die Beurteilung sei gerecht, hat sich
die Sache von allein erledigt. Ist er jedoch der Auffassung,
diese Beurteilung werde seiner Gesamtleistung nicht gerecht, sind wir bei unserem nächsten Thema angelangt.
Dort geht es nämlich um den Wahrheitsgehalt des Arbeitszeugnisses.
Zuvor jedoch ist es nötig, den letzten Bestandteil (außer Datum, Ort und Unterschrift) des qualifizierten Endzeugnisses
anzusehen, den Grund des Ausscheidens.

Grund des Ausscheidens

Hier gilt der Grundsatz, daß diese Passage nur dann Bestandteil des Arbeitszeugnisses sein sollte, wenn die Erwäh-

nung für den Arbeitnehmer positiv ausfällt. Ein positiver Grund des Ausscheidens steht zum Beispiel in folgender Formulierung:

Frau Koslowski verläßt uns auf ihren eigenen Wunsch hin. Für ihre berufliche Zukunft wünschen wir ihr alles Gute.

An dieser Formulierung ist nichts auszusetzen, ist sie doch völlig wertfrei. Dagegen sieht es bei der nächsten Formulierung schon völlig anders aus:

Die Beendigung des Arbeitsverhältnisses erfolgte im gegenseitigen Einvernehmen.

Was hier so einvernehmlich klingt, läßt alle Deutungen zu. Wertfrei bedeutet das: „Arbeitgeber und Arbeitnehmer haben sich ohne Streit voneinander getrennt, eben einvernehmlich." Aber diese Formulierung läßt sich auch so auslegen: „Um einer Kündigung durch den Arbeitgeber zuvorzukommen, wurde dem Arbeitnehmer vom Arbeitgeber nahegelegt, von sich aus zu kündigen." So bleibt völlig offen, für welche Interpretation sich der Leser des Arbeitszeugnisses entscheiden wird.

Weniger vieldeutig ist dagegen das Ende eines befristeten Arbeitsvertrages. Grund des Ausscheidens kann dann sein:

● Abschlußprüfung
● Ende des Zeitvertrages
● Ende der Ausbildung.

Kündigt hingegen der Arbeitnehmer von selbst − und liegt keine Kündigung „aus wichtigem Grund" vor −, dann sollten Sie, wenn die Darlegung des Grundes für Sie von Vorteil ist, darauf dringen, daß der Grund des Ausscheidens (Rationalisierung, Konkurs, Vergleich, Stellenabbau usw.) im Arbeitszeugnis festgehalten wird.

Der Wahrheitsgehalt eines Zeugnisses

Für Zeugnisse gilt allgemein der Grundsatz, daß sie „wahr und wohlwollend" sein müssen. Das heißt aber nicht, daß ein Zeugnis immer für den Arbeitnehmer sprechen muß. „Wahr und wohlwollend" – diese Formulierung bezieht sich nämlich nicht ausschließlich auf den Arbeitnehmer, dem ein Zeugnis ausgestellt wird. Der Leser des Zeugnisses (also ein möglicher neuer Arbeitgeber) hat nämlich ein Anrecht darauf, durch das Zeugnis nicht getäuscht zu werden. Ziehen wir dafür ein – extremes, aber dafür deutliches – Beispiel heran:

Herr M. ist als Prokurist bei einer Firma beschäftigt. Aufgrund einer Nachprüfung der Bücher durch einen unabhängigen, vereidigten Sachverständigen kommen Unregelmäßigkeiten zutage. Herr M. hat Beträge unterschlagen, keine großen Beträge zwar, aber immerhin beträgt der Schaden ca. DM 3000, – . Der Arbeitgeber kündigt Herrn M. fristlos. Vor dem Arbeitsgericht kann Herr M. glaubhaft machen, diese Beträge nicht bewußt beiseite geschafft zu haben. Sie sind seiner Aufmerksamkeit entgangen. Das Gericht rügt seine Pflichtverletzung und schlägt einen Vergleich vor. Arbeitnehmer und Arbeitgeber stimmen dem Vergleich zu. Im Anschluß daran verlangt Herr M. von seinem ehemaligen Arbeitgeber ein Zeugnis, das ihm eine einwandfreie Arbeitstätigkeit bescheinigt und als Grund des Ausscheidens eine einvernehmliche Trennung nennt.

Herrn M. wird dieses Zeugnis durch den ehemaligen Arbeitgeber verweigert, völlig zu Recht. Denn ein solches Zeugnis würde den Leser bewußt täuschen. Herr M. hat auf die Ausstellung eines solchen Zeugnisses keinen Anspruch.

Dieses — wie gesagt extreme — Beispiel sollte Ihnen verdeutlichen, was die Formulierung „wahr und wohlwollend" meint. War im vorigen Beispiel durch diesen Grundsatz der Leser des Zeugnisses geschützt, so soll Ihnen das nächste Beispiel zeigen, daß diese Übereinkunft auch den Arbeitnehmer zu schützen weiß.

Herr G., ausgebildeter Kraftfahrzeugmechaniker, war an einer größeren Tankstelle beschäftigt. Zu dieser Tankstelle gehörte auch ein breit angelegter Reparaturservice, der folgende Bereiche umfaßte: Reifen, Motor, Karosserie und Service.

Herrn G. waren drei weitere Mitarbeiter unterstellt, und er selbst sorgte — so gut wie selbständig — für den reibungslosen Ablauf der Reparaturarbeiten, sorgte für die richtige Auftragsannahme, überwachte die Arbeiten, fuhr die Wagen zur Endabnahme Probe und erstellte die Rechnungen. Auch für die Wagenübergabe war Herr G. verantwortlich.

Diese selbständige Tätigkeit des Herrn G. wurde vom Besitzer der Tankstelle so gut wie nie kontrolliert. Denn er wußte, daß er sich blind auf Herrn G. verlassen konnte.

Herr G. beschloß eines Tages, eine sich bietende Chance zu ergreifen. Durch einen Bekannten hatte Herr G. erfahren, daß jemand einen Kompagnon suchte, um einen kleinen, aber gut gelegenen Reparaturbetrieb zu eröffnen. Herrn G. winkte, nach einer gewissen Bewährungszeit, eine aktive Teilhaberschaft. Herr G. kündigte fristgerecht und verlangte von seinem Arbeitgeber sein Zeugnis. Das sah dann wie folgt aus:

Herr G., geboren am 20. 05. 1951, trat am 01. 10. 1974 in meinen KFZ-Reparaturbetrieb mit angeschlossener Tankstelle ein. Aufgrund seiner Vorbildung, Herr G. hat den Beruf des Kraftfahrzeugmechanikers erlernt, war er sehr schnell in der Lage, die anfallenden Arbeiten zu erledigen.

Zu den ihm übertragenen Arbeiten gehörten der Reifenservice, die Karosseriearbeiten und einfache Arbeiten am Motor wie Zündkerzen und Motoröl wechseln, Einstellen des Vergasers und des Zündzeitpunkts.

Herr G. hat immer alle Arbeiten zu meiner vollen Zufriedenheit erledigt. Auch das Verhalten gegenüber den Mitarbeitern war ohne jeden Tadel.

Herr G. verläßt uns zum 31. 08. 1988 auf eigenen Wunsch hin. Für seinen weiteren beruflichen Weg wünschen wir ihm alles Gute.

Frankfurt, den 30. 08. 1988

Unterschrift

Ob Herr G. mit diesem Zeugnis sehr zufrieden sein wird? Wir nehmen an, daß er es nicht ist, denn dieses Zeugnis stempelt ihn zu irgendeinem x-beliebigen Mitarbeiter, der seine Arbeit zur Zufriedenheit des Chefs erledigt hat.

Sehr wichtig für Herrn G. wäre der Zusatz im Zeugnis, daß er die Arbeiten überwiegend, ja weitestgehend selbständig erledigt hat: Herr G. führte — im Namen und im Auftrag des Eigentümers — den Reparaturbetrieb in eigener Initiative, quasi unbeaufsichtigt. Das aber erfährt ein unbefangener und nichtinformierter Leser dieses Zeugnisses nicht.

Herr G. hat deshalb umgehend reagiert und zu Recht die Ausstellung eines neuen Zeugnisses – gegen Rückgabe dieses Zeugnisses – von seinem Arbeitgeber verlangt. In unserem fiktiven Fall hat der Arbeitnehmer Herrn G. ein neues, geändertes Zeugnis ausgestellt und die selbständige Tätigkeit von Herrn G. eigens hervorgehoben, auch das tatsächliche Tätigkeitsfeld von Herrn G. umfassend beschrieben.

So glimpflich muß es aber nicht immer ausgehen. Aus diesem Grund haben wir für Sie auf den nächsten Seiten eine Übersicht vorbereitet, aus der Sie alle Problemfälle leicht ersehen können.

Checkliste
Problemfälle –
und was Sie dabei beachten müssen

● *Ihr Arbeitgeber weigert sich, Ihnen ein qualifiziertes Arbeitszeugnis auszustellen:*

Weisen Sie Ihren Arbeitgeber darauf hin, daß Sie einen Anspruch auf Ausstellung eines solchen Zeugnisses haben. (Wir setzen voraus, daß das Arbeitsverhältnis in diesem Fall tatsächlich endet!)
Bringt auch dieser Hinweis keinen Erfolg, bleibt Ihnen nur der Weg vor das Arbeitsgericht. Denn dort besteht die Möglichkeit, Ihren Anspruch auf Ausstellung eines qualifizierten Arbeitszeugnisses einzuklagen.

● *Angaben in Ihrem Arbeitszeugnis sind unrichtig:*

Verlangen Sie von Ihrem Arbeitgeber eine Berichtigung des ausgestellten Zeugnisses. Sie haben einen Anspruch darauf.
Kommt der Arbeitgeber Ihrem Verlangen nicht nach, bleibt auch hier nur der Weg zum Arbeitsgericht, denn auch dieser Anspruch läßt sich rechtlich einklagen.

● *Das ausgestellte Arbeitszeugnis ist unvollständig:*

Verlangen Sie ein neues Zeugnis von Ihrem Arbeitgeber, denn ein Zeugnis muß vollständig sein.

Auch dieser Anspruch auf Vollständigkeit ist vor dem Arbeitsgericht durchsetzbar.

Wichtig:

- Wenn Sie in Ihrem Zeugnis eine Änderung wünschen, halten Sie diese Änderung schriftlich fest und reichen Sie die schriftliche Fixierung Ihrem Arbeitgeber ein.

- Wenn Sie vor das Arbeitsgericht gehen, ist es ebenfalls erforderlich, die Änderungswünsche schriftlich festzuhalten.

- *Ihre Bewerbung ist abgelehnt worden, weil Sie Ihr Arbeitszeugnis nicht rechtzeitig vorlegen konnten:*

Unter Umständen ist Ihnen dadurch ein Schaden entstanden. Es ist strittig, ob Ihr letzter Arbeitgeber, der nicht rechtzeitig oder gar nicht ein Zeugnis ausgestellt hat, dafür gerichtlich zur Verantwortung gezogen werden kann.

Einerseits ist Ihnen ja nun ein Schaden entstanden. Andererseits stehen Sie in diesem Fall in der Beweispflicht, das heißt, daß das Gericht in der Regel von Ihnen den Nachweis verlangen wird, daß die Bewerbung an der Nichtvorlage des Zeugnisses gescheitert ist.

- *Ihre Bewerbung ist abgelehnt worden, weil Ihr Arbeitszeugnis unvollständig oder unrichtig ausgestellt war:*

Auch hier gilt das gleiche wie im vorigen Beispiel. Sie müssen darlegen können, daß darin der Grund der Ablehnung lag. Dies wird im Einzelfall nicht so leicht gelingen. Auf jeden Fall sollten Sie sich hier vor dem Gang zum Gericht von einem Rechtsanwalt beraten lassen.

Wichtig:

● Warten Sie im konkreten Fall nicht allzulange. Gerade bei Arbeitsgerichts-Streitigkeiten gelten mitunter sehr kurze Fristen. Manche betragen sogar nicht mehr als zwei Wochen. Danach läßt sich Ihr Anspruch nicht mehr vor Gericht einklagen. Gehen Sie also umgehend zu einem Rechtsanwalt, oder erkundigen Sie sich sofort bei Ihrer Gewerkschaft nach möglichen Fristen, damit Sie Ihren Anspruch nicht verlieren.

Anwalt und Gericht

Unterbrechen wir an dieser Stelle – aus gegebenem Anlaß – kurz den Verlauf unserer Ausführungen, um uns dem Thema Anwalt und Gericht zu widmen. Es sind vor allem drei Fragen, die sich in diesem Zusammenhang stellen:

- Wie finde ich den richtigen Rechtsanwalt?
- Wie stehen meine Aussichten vor Gericht?
- Was kostet mich das?

Leider ist es in der Bundesrepublik den Rechtsanwälten – wie den Ärzten und auch teilweise den Apothekern – untersagt, für sich zu werben. Das hat zwar durchaus seine Vorteile, aber auch einen gravierenden Nachteil. Rechtsanwälten ist es nicht einmal erlaubt, auf eine eventuelle Spezialisierung hinzuweisen. (Ausnahmen bestätigen die Regel: Sie dürfen es, wenn es zum Beispiel um steuerrechtliche Dinge geht.) Sie werden also kein Schild finden, auf dem steht: „Fachanwalt für Arbeitsrecht".

Leider hilft der Rat, einen Anwalt anzurufen und ihn zu fragen, ob er sich in Fragen des Arbeitsrechts auskennt, auch nicht weiter. Denn im Zweifel wird er – auszuschließen ist nichts – wider besseres Wissen Ihre Frage bejahen. Glücklich können Sie sich schätzen, wenn ein Anwalt Ihnen einen Fachanwalt empfiehlt – was tatsächlich vorkommt.

Es gibt auch keine zentrale Stelle, die ein Verzeichnis darüber führt, welcher Rechtsanwalt auf welches Gebiet spezialisiert ist. So bleibt Ihnen nur, auf eine gute Empfehlung zu hoffen.

Die Frage, wie Ihre Chancen bei Gericht aussehen, läßt sich global nicht beantworten. Hier kommt es immer auf den

Einzelfall und auf die gesetzliche Lage an. Beides kann nur ein Rechtsanwalt beurteilen. Und auch hier können Sie nur hoffen, an den richtigen Rechtsanwalt geraten zu sein, denn es soll Anwälte geben, die auch bei geringen Aussichten gern vor Gericht ziehen.

Wichtig ist es auch zu bedenken, daß „Recht haben" nicht immer auch „Recht bekommen" bedeuten muß, auch wenn dies nur schwer einsehbar und nachvollziehbar ist.

Bei der Frage nach den Kosten bewegen wir uns endlich wieder auf festem Boden. Im Grundsatz gilt: Wer verliert, muß zahlen, doch existieren auch Ausnahmen. Nennen wir, um diese Ausnahmen kennenzulernen, erst einmal die entstehenden Kosten:

● Gerichtskosten
● Gerichtliche Auslagen
● Rechtsanwaltskosten.

Und nun zu den Besonderheiten. Die erste Ausnahme betrifft nur die erste Instanz. Gewinnen Sie in der ersten Instanz, müssen Sie zwar keine Gerichtskosten bezahlen, aber Sie haben auch keinen Anspruch auf Erstattung der Kosten für Ihren Rechtsanwalt.

Verlieren Sie hingegen den Prozeß – dies ist die Kehrseite der Medaille – müssen Sie dem Prozeßgegner (also in der Regel dem Arbeitgeber) auch seine Rechtsanwaltskosten nicht erstatten. Lediglich für das entstandene „Zeitversäumnis" werden Sie – im vorigen Fall der Arbeitgeber – zur Kasse gebeten.

Aber auch diese Regelung kennt wiederum Ausnahmen. Sie betreffen allerdings nicht das normale Arbeitsgericht. Vor dem Landesarbeitsgericht und vor dem Bundesarbeitsgericht gilt, daß Rechtsanwaltskosten erstattet werden bzw. erstattet werden müssen.

Die nächste wesentliche Ausnahme bildet der Vergleich,

über den sich zumeist die Anwälte freuen. Im Falle des Vergleichs werden nämlich die entstandenen Kosten zwischen den Parteien zu gleichen Teilen aufgeteilt.

Die Kosten, die unter Umständen bei einem Rechtsstreit auf Sie zukommen, bemessen sich am sogenannten Streitwert. Der Streitwert ist die Summe, um die im Verfahren gestritten wird. Geht es zum Beispiel um die Auszahlung/Nichtauszahlung von drei Monatsgehältern à DM 5000, – , so beträgt der Streitwert DM 15 000, – .

Es kann aber auch vorkommen, daß der Streitwert sich nicht so einfach festlegen läßt. Das ist zum Beispiel dann der Fall, wenn es um Schadensersatz geht (ein Zeugnis wurde nicht rechtzeitig ausgestellt, die Bewerbung wurde aus diesem Grund abgelehnt) oder wenn es sich um eine Kündigungsschutzklage handelt. Im letzteren Fall wird das Arbeitsgericht als Streitwert den Wert dreier Monatsgehälter zugrunde legen.

Soweit zum Streitwert. Woran aber bemessen sich die Kosten des Rechtsanwalts? Gliedern wir zur Beantwortung der Frage dazu die Kosten erst wieder einmal auf:

● Kosten für den Prozeß
● Kosten für die Verhandlung
● Kosten für Beweise
● Kosten für einen Vergleich.

In der Regel orientieren sich die genannten Kosten nach dem Paragraphen 11 BRAGebO (Bundsrechtsanwaltsgebühren-Ordnung). Dort wird festgehalten, bis zu welchem Betrag welche Gebühren gezahlt werden müssen.

Ausschnitt aus der BRAGebO

Wert bis DM	10/10 DM	5/10 DM	3/10 DM	2/10 DM	13/10 DM	20/10 DM
300	40,–	20,–	15,–	15,–	52,–	26,–
600	55,–	27,50	16,50	15,–	71,50	35,80
800	70,–	35,–	21,–	15,–	91,–	45,50

(Anm.: Es gibt auch den Satz 7,5/10)

Die zu zahlenden Beträge setzen sich – je nach Gebühr – aus einem oder aus verschiedenen (zu addierenden) Gebührensätzen zusammen. Die Abrechnung eines Rechtsanwalts kann zum Beispiel so aussehen:

Prozeßgebühr	*DM 70,–*
Verhandlungsgebühr	*DM 70,–*
Auslagenpauschale	*DM 21,–*
	DM 161,–
Mehrwertsteuer	*DM 22,54*
Gesamtbetrag	*DM 183,54*

Diesem Beispiel wurde ein Streitwert von DM 900,– zugrunde gelegt (vgl. die vorstehende Tabelle).

Das sind aber nur die Rechtsanwaltskosten, zu denen noch die Gerichtskosten hinzukommen. Tröstlich bei diesem Kostenfaktor ist, daß er – im Gegensatz zu Rechtsstreitigkeiten vor anderen Gerichten – begrenzt ist. Der Höchstbetrag für Streitigkeiten im Arbeitsrecht beträgt dabei DM 500,–.

Doch auch die Gerichtskosten setzen sich aus verschiedenen Gebühren zusammen:

- Gerichtsgebühr
- Postgebühr
- Auslagen für Schreibarbeiten.

Wir werden aber gleich sehen, daß die Gerichtsgebühren wesentlich niedriger als die Rechtsanwaltsgebühren liegen. Legen wir einen Streitwert von DM 500, – zugrunde, ergibt sich folgende Abrechnung:

Gerichtsgebühr	*DM 15, –*
Postgebühr	*DM 10, –*
Schreibgebühr	*DM 2, –*
Gesamtbetrag	*DM 27, –*

Nehmen wir einmal folgenden Fall an:

Herrn B. wurde von seinem Arbeitgeber „aus wichtigem Grund" fristlos gekündigt. Herr B., der diese Kündigung nicht einsieht, obwohl ihm die Gründe dafür bekannt sind, zieht frohgemut vor das Arbeitsgericht – und verliert den Prozeß in der ersten Instanz.
Dadurch läßt er sich nicht entmutigen. Er legt Berufung ein, das heißt, er geht in die zweite Instanz. Für die zweite Instanz ist nicht mehr das Arbeitsgericht zuständig, sondern das Landesarbeitsgericht, die sogenannte höhere Instanz. Auch vor dem Landesarbeitsgericht unterliegt Herr B., er verliert den Prozeß und gibt auf.

Welche Kosten kommen in diesem Fall auf Herrn B. zu? Herr B. muß einmal die Gerichtskosten und die Auslagen des Gerichts für die erste und die zweite Instanz bezahlen. Des weiteren muß Herr B. die Kosten der Rechtsanwälte tragen. Das gilt nicht nur für beide Instanzen, sondern er muß die Kosten seines Rechtsanwalts und die Kosten des Rechtsanwalts der gegnerischen Partei, also die des Arbeitgebers, übernehmen. Dazu kommen noch die Zeitversäumnisse, die er auf sich nahm.

Die Kosten, die hier auf Herrn B. zukommen, belaufen sich auf ca. DM 4000, – .

Wichtig:
- Neben dem Prozeßrisiko gibt es bei Rechtsstreitigkeiten, die vor dem Gericht ausgetragen werden, auch ein Kostenrisiko!

Angesichts dieser unter Umständen enormen Kosten und angesichts der Langsamkeit der Gerichtsmühlen (es gibt Prozesse, die sich über mehrere Jahre hinziehen), stellt sich die Frage nach einer eventuellen Kostenübernahme durch Dritte. Drei Möglichkeiten kommen in Betracht:

- Gewerkschaftshilfe
- Rechtsschutzversicherung
- Prozeßkostenhilfe.

Sind Sie Mitglied einer Gewerkschaft, dann haben Sie einen Anspruch auf Stellung eines Rechtsanwalts und Übernahme der Gerichtskosten. Dies gilt jedoch erst drei Monate nach Ihrem Eintritt in die Gewerkschaft, der Anlaß des Rechtsstreits darf also nicht früher liegen.

Des weiteren besteht die Möglichkeit, sich über eine Rechtsschutzversicherung gegen das Kostenrisiko zu versichern. Achten Sie aber darauf, daß die abgeschlossene Versicherung auch für arbeitsgerichtliche Streitigkeiten gilt! Die Wartefrist beträgt übrigens bei einer Rechtsschutzversicherung ebenfalls drei Monate.

Sie bietet den Vorteil, daß Sie Ihren Rechtsanwalt frei wählen können. Nachteilig ist allerdings, daß die Versicherung bei häufiger Inanspruchnahme zur Kündigung berechtigt ist.

106

Die Prozeßkostenhilfe wurde eingerichtet, um es Personen, die in nicht besonders guten wirtschaftlichen Verhältnissen leben, zu ermöglichen, einen aussichtsreichen Prozeß tatsächlich zu führen. Denn immer wieder kommt es vor, daß Prozesse nicht angestrengt werden − obwohl sie Aussicht auf Erfolg haben −, weil der Betreffende das Kostenrisiko scheut beziehungsweise von vornherein nicht weiß, wovon er einen Rechtsanwalt bezahlen soll.

Die Prozeßkostenhilfe gliedert sich in zwei unterschiedliche Varianten:

- Erlaß der Kosten
- Abzahlung der Kosten in Raten.

Welche der Varianten im Einzelfall zugebilligt wird, ist jeweils abhängig von den wirtschaftlichen Verhältnissen des Betroffenen. Ob für Sie die Prozeßkostenhilfe in Frage kommt, können Sie mit einem Gang zum Amtsgericht oder zu einem Rechtsanwalt klären. Den Rechtsanwalt können Sie übrigens auch bei Inanspruchnahme von Prozeßkostenhilfe frei wählen.

Einen ersten Überblick darüber, ob bzw. in welchen Raten Sie die Prozeßkostenhilfe zurückzahlen müssen, gewinnen Sie aufgrund der − allerdings auszugsweise wiedergegebenen − Tabelle auf der nächsten Seite:

Rückzahlung der Prozeßkostenhilfe

Nettoeinkommen im Monat bis	Monatliche Rückzahlung
DM 850, –	Keine
DM 1000, –	DM 40, –
DM 1400, –	DM 180, –
DM 1600, –	DM 240, –

Anmerkung: Die Höhe des in Anrechnung kommenden Nettoeinkommens und die Höhe der monatlichen Rückzahlung sind sehr stark abhängig von der Zahl der unterhaltsberechtigten Personen des Antragstellers.

Wichtig:
● Die Gewährung der Prozeßkostenhilfe ist nicht nur vom monatlichen Nettoeinkommen abhängig, sondern auch von der Bewertung der Prozeßaussichten. Darüber entscheidet das Gericht. Haben Sie von vornherein keine Aussichten, den angestrebten Prozeß zu gewinnen, wird man Ihnen auch keine Prozeßkostenhilfe gewähren. Natürlich ist nicht auszuschließen, daß es dabei zu Ungerechtigkeiten kommen kann. Doch was dem Normalbürger recht erscheint, muß sich unter den Augen der Gesetzgebung noch lange nicht als Recht erweisen, auch wenn dies – wie gesagt – im Einzelfall manchmal nur sehr schwer oder gar nicht nachzuvollziehen ist.

Sie sehen also, daß der Gang zum Gericht einige Risiken in sich birgt. Dennoch sollten Sie ihn nicht scheuen, wenn Ihnen Ihr Arbeitgeber ein Zeugnis verweigert oder das ausgestellte Zeugnis offenkundige Mängel aufweist. Schließlich haben Sie ein Recht auf ein wahres und wohlwollendes Zeugnis; was das im einzelnen heißt, zeigt das nächste Kapitel auf.

Bevor Sie einen Prozeß anstrengen, sollten Sie allerdings über Ihre Rechte Bescheid wissen und Ihre Chancen abwägen. Das gilt nicht nur für das Problem Arbeitszeugnis, sondern für alle arbeitsrechtlichen Fragen. Deshalb haben wir dem *Arbeitsrecht* auch einen eigenen Band in dieser Reihe gewidmet.

Ausstellen eines Arbeitszeugnisses

Was muß im Arbeitszeugnis stehen, und was darf nicht darin stehen?

In diesem Kapitel wollen wir uns damit beschäftigen, was im Arbeitszeugnis unbedingt angesprochen werden muß und was auf keinen Fall angesprochen werden darf. Denn auch für diese beiden Punkte gibt es einen gewissen Rahmen, den der Arbeitgeber einzuhalten gezwungen ist.

Zuerst muß etwas klargestellt werden: Wir haben bereits mehrfach in diesem Band davon gesprochen, daß es gewohnheitsmäßige Bestandteile des Zeugnisses und daß es ebenso gewohnheitsmäßige Formulierungen und Bewertungen gibt. Aber nicht an alles muß sich der Arbeitgeber bei der Ausstellung eines Zeugnisses halten!

Zum „Muß" eines Zeugnisses gehören lediglich:

● Briefkopf des ausstellenden Unternehmens
● Vor- und Nachname des Arbeitnehmers
● Dauer des Arbeitsverhältnisses mit genauen Angaben über Beginn und Ende
● Berufsbezeichnung oder Funktion
● Tätigkeitsbeschreibung
● Beurteilung von „Leistung und Führung"
● Gesamtbewertung (Schlußsatz)
● Ausstellungsort
● Datum und Unterschrift (des Arbeitgebers oder einer von ihm autorisierten Person).

Zu den „Kann"-Bestandteilen dagegen zählen folgende Punkte:

- Anschrift des Arbeitnehmers
- Geburtsdatum
- Geburtsort
- Art des Ausscheidens.

Völlig frei hingegen ist der ausstellende Arbeitgeber bei folgenden Aspekten:

- Reihenfolge der Bestandteile des Zeugnisses
- Formulierung des Zeugnisses.

Doch diese Freiheit findet wiederum auch ihre Einschränkung – und zwar zugunsten des Arbeitnehmers. Der Arbeitnehmer genießt auch hier einen gewissen Schutz vor Willkür seitens des ausstellenden Arbeitgebers:

- Weicht der Arbeitgeber bei der Formulierung der Beurteilung des Arbeitnehmers von der gängigen Praxis ab (siehe oben), dann hat er darauf zu achten, daß sich dadurch keine negativen Merkmale, die zu Ungunsten des Arbeitnehmers sprechen, in das Zeugnis einschleichen
- Dieser Schutzanspruch gilt insbesondere für den Schlußsatz des Zeugnisses, also für die Gesamtbewertung des Arbeitnehmers.

Die Bedeutung dieser Bestimmung wollen wir anhand zweier Beispiele illustrieren:

Frau M. war immer bemüht, die ihr übertragenen Aufgaben organisatorisch optimal zu erfüllen und fand darin auch den Zuspruch der übrigen Mitarbeiter der Abteilung.

Frau H. hat die ihr übertragenen Aufgaben stets opti-
mal erfüllt und wurde darin von den übrigen Mitarbei-
tern immer hervorragend unterstützt.

Im ersten Beispiel ist nicht eindeutig ersichtlich, was der Arbeitgeber denn nun tatsächlich meint. Möglich ist folgende Deutung: *Frau M. besitzt ein hervorragendes Organisationstalent und verstand es sehr gut, die übrigen Mitarbeiter in den Arbeitsprozeß zu integrieren, womit ihr gewisse Führungseigenschaften attestiert werden.*
Der Arbeitgeber kann aber auch meinen: *Frau M. war zwar bemüht, die ihr übertragene Arbeit zu organisieren, das Bemühen führte jedoch stets zu nicht befriedigenden Ergebnissen, was letztendlich die übrigen Mitarbeiter auszubaden hatten.*
Für welche Lesart sich jemand entscheidet, hängt letztendlich von seinem Wohlwollen ab.
Beim zweiten Beispiel ist klar ersichtlich, was der Arbeitgeber mit seiner Gesamtbeurteilung meint: *Frau M. war stets eine hervorragende Mitarbeiterin.*

Ratschlag:
● Stellt Ihnen Ihr Arbeitgeber ein Zeugnis aus, das von den üblichen, in diesem Band dargestellten Formulierungen abweicht, dann lesen Sie sich dieses Zeugnis sehr, sehr aufmerksam durch. Stoßen Sie auf Passagen, die Anlaß zu Mißverständnissen oder Fehlinterpretationen geben können, dann drängen Sie auf eine präzisere Formulierung oder darauf, daß der Arbeitgeber diese abweichenden Formulierungen durch eine ausführliche Tätigkeitsbeschreibung abstützt.

Kommen wir nun zu der Frage, welche Inhalte in einem Arbeitszeugnis nichts zu suchen haben:

- Details, Vorfälle oder andere Umstände, die das Privatleben des Arbeitnehmers betreffen. Ausgenommen sind Kenntnisse aus dem Privatleben, die einen direkten Einfluß auf das Arbeitsverhalten oder die Leistungsfähigkeit des Arbeitnehmers hatten. Ganz abgesehen davon bleibt sowieso fraglich, wie der Arbeitnehmer von diesen Dingen Kenntnis erlangt hat
- Tätigkeiten des Arbeitnehmers, die im Zusammenhang mit Personal- und/oder Betriebsratstätigkeit stehen
- Gesundheitszustand des Arbeitnehmers. Dazu gehören auch Angaben über eventuelle Fehlzeiten. Diese und ähnliche Angaben dürfen nur dann Bestandteil des Zeugnisses sein, wenn sie unmittelbar Anlaß zum Grund des Ausscheidens gegeben haben
- Eine Mitgliedschaft des Arbeitnehmers in einer Partei und/oder einer Gewerkschaft. Auch Partei- und/oder Gewerkschaftsarbeit hat nichts in einem Arbeitszeugnis zu suchen
- Urlaubszeiten, die für Bildung und/oder Weiterbildung genutzt wurden
- Höhe des Lohns/Gehalts des Arbeitnehmers
- Gerichtliche Streitigkeiten zwischen Arbeitgeber und Arbeitnehmer. Dabei ist es gleichgültig, ob diese noch anstehen oder bereits länger zurückliegen.

Aushändigung

Wir kommen jetzt zu unserer letzten Frage: Wann muß das Zeugnis ausgestellt und ausgehändigt werden?
Zur Beantwortung dieser Frage ist zunächst folgender Punkt zu berücksichtigen:

● Der Arbeitgeber ist – von sich aus – nur zur Ausstellung einer Arbeitsbescheinigung bzw. eines einfachen Arbeitszeugnisses verpflichtet.

Ein Beispiel für solch eine Arbeitsbescheinigung sehen Sie auf der nächsten Seite. Im Anschluß daran finden Sie eine Bescheinigung, in der der Arbeitgeber begründet, warum er kein einfaches Zeugnis ausstellt.

Muster

Arbeitsbescheinigung

ARBEITSBESCHEINIGUNG

Frau Melanie Schütte, geboren am 10. 08. 1960 in Frankfurt, war vom 01. Juli 1979 bis 31. 08. 1986 Angestellte unserer Kasse.

In der Bezirksgeschäftsstelle Frankfurt-Bonames wurde sie als Sachbearbeiterin an einem Schalter für Beitragseinzug und Krankenhilfe eingeführt.

Das Angestelltenverhältnis endet auf Wunsch von Frau Schütte mit dem heutigen Tag.

Frankfurt, den 31. 08. 1986

Im Auftrag

Unterschrift

Muster
Arbeitsbescheinigung
(mit Begründung)

ARBEITSBESCHEINIGUNG

Wir bestätigen hiermit, daß Frau Rosemarie Henkel, geboren am 7. August 1960, in der Zeit vom 1. April 1988 bis zum 29. Juni 1988 als kaufmännische Angestellte in unserem Unternehmen beschäftigt war.

Das Arbeitsverhältnis wurde aus Gründen der Auftragssituation zum Ende der Probezeit gelöst.

Eine Beurteilung der Arbeitsleistung von Frau Henkel in Form eines Zeugnisses ist aufgrund der kurzen Beschäftigungsdauer nicht möglich.

Gelsenkirchen, den 23. Juni 1988

ppa.

Unterschrift

Führen wir nun die Liste der Punkte fort, die Sie bezüglich der Ausstellung des Zeugnisses besonders beachten müsen:

- Legen Sie Wert auf Ausstellung eines qualifizierten Endzeugnisses, so müssen Sie Ihren Anspruch gegenüber Ihrem Arbeitgeber geltend machen. Er muß bei entsprechenden Voraussetzungen Ihrem Wunsch nachkommen
- In der Regel sollte der Arbeitgeber Ihren Anspruch innerhalb von 14 Tagen erfüllen
- Das Arbeitszeugnis selbst sollte Ihnen am Arbeitsort, also innerhalb des Unternehmens, ausgehändigt werden. Auf Wunsch kann Ihnen das Zeugnis auch postalisch zugesandt werden
- Hat der Arbeitgeber Ihnen ein Zeugnis ausgestellt, das Sie in der Form nicht hingenommen haben, müssen Sie es ihm zurückgeben, wenn Sie das geänderte bekommen
- Der Arbeitgeber hat ein Anrecht darauf, sich die Übergabe oder Übersendung eines Zeugnisses von Ihnen quittieren zu lassen, um selbst einen Nachweis führen zu können.

Zwischen den Zeilen lesen

Nachstehend finden Sie nun weitere der alltäglichen Praxis entnommene qualifizierte Endzeugnisse. Wir untersuchen sie in diesem Zusammenhang besonders auf die Elemente, die für die Beurteilung relevant sind.

Herr Manfred Mahlmann, geboren am 23. 09. 1962 in Bottrop, trat am 01. 11. 1985 in unser Unternehmen ein und wurde bei unserer Tochtergesellschaft Ostofen GmbH als Schreibkraft in der Abteilung „Kaufmännische Abwicklung" tätig.

Herr Mahlmann war hauptsächlich zuständig für das Schreiben von Auftragsbestätigungen für das In- und Ausland, die er nach Vorlage mit den dazugehörenden Versandpapieren anfertigte. Darüber hinaus erledigte er allgemeine Korrespondenz nach Diktat.

Herr Mahlmann verfügt über englische Sprachkenntnisse sowie gute Stenografie- und Schreibmaschinenkenntnisse. Die ihm übertragenen Aufgaben hat er stets zu unserer Zufriedenheit ausgeführt.

Herr Mahlmann verläßt unser Unternehmen mit dem heutigen Tag. Für die Zukunft wünschen wir ihm alles Gute.

Dortmund, den 29. 10. 1988

Unterschrift

Dieses Zeugnis ist offensichtlich bemüht, sich um Eindeutigkeit herumzuwinden. Dafür sprechen gleich zwei Punkte.

● Zwar entspricht die Formulierung „zu unserer Zufriedenheit" der üblichen Bewertung (Note 4 = ausreichend). Doch diese Beurteilung wird durch die Tätigkeitsbeschreibung stark revidiert. Herrn Mahlmann wird bescheinigt, daß er keineswegs in der Lage ist, selbständig zu arbeiten

● Die Formulierung zur Art des Ausscheidens redet ebenfalls um den heißen Brei herum. Hinter dem Ausdruck „verläßt unser Unternehmen" verbirgt sich nämlich nichts anderes, als daß dem Arbeitnehmer gekündigt worden ist.

ZEUGNIS

Fräulein Marlene Hausmann, geb. am 10. 08. 1963, wohnhaft Gerickestr. 2, 3000 Hannover, war vom 06. 03. 1984 bis 31. 01. 1988 in meiner Kinderfacharztpraxis tätig.

Sie hat in der Zeit vom 01. 08 1981 bis 19. 01. 1984 die Lehre als Arzthelferin absolviert und am 19. 01. 1984 vorzeitig die Abschlußprüfung erfolgreich bestanden.

Fräulein Hausmann ist mit allen in einer Kinderfacharztpraxis anfallenden Arbeiten bestens vertraut und hat die ihr übertragenen Arbeiten zu meiner vollsten Zufriedenheit ausgeführt.

Fräulein Hausmann hat längere Zeit in meinem EEG-Labor interessiert mitgewirkt und ihre Kenntnisse in der Neurol. Uni-Klinik in Hannover ergänzt.

Sie hat anschließend über 200 Elektroencephalogramme selbständig abgeleitet und somit das von der EEG-Gesellschaft vorgeschriebene Soll erreicht.

Mit dem Abrechnungswesen ist Fräulein Hausmann bestens vertraut und kann die Abrechnungsarbeiten selbständig durchführen.

Fräulein Hausmann hatte zu Patienten und Mitarbeitern ein gutes Verhältnis.

Fräulein Hausmann verläßt meine Praxis auf eigenen Wunsch. Für ihr weiteres Leben meine besten Wünsche.

Hannover, den 12. 01. 1988   *Unterschrift*

Hier haben wir ein Spitzenzeugnis vor uns, das nur durch ein paar kleine Details getrübt ist:

● Was heißt: „interessiert mitgewirkt"? Diese wenig aussagekräftige Formulierung wird jedoch gestützt durch den zweiten Teil: „hat ihre Kenntnisse ... ergänzt" – obwohl auch damit keine Eindeutigkeit erreicht wird
● „... ein gutes Verhältnis". Diese Formulierung läßt darauf schließen, daß die Arbeitnehmerin auch so ihre persönlichen Macken hat, die nicht immer ganz toleriert wurden.

Im übrigen aber bescheinigt das Zeugnis der Arbeitnehmerin durchweg gute bis überdurchschnittliche Noten und attestiert ihr – sehr wichtig – „selbständiges Arbeiten".

ZEUGNIS

Frau Susanne Mohr, geboren am 03. 09. 1965, wohnhaft in Frankfurt/Main, Siesmayerstr. 56, war vom 04. 02. 1984 bis 30. 09. 1988 als Arzthelferin in meiner Praxis tätig.

Ihre Hauptaufgabengebiete waren Tätigkeiten in der Anmeldung, bei der Karteiführung und als Mitarbeiterin im Sprechzimmer.

Besonders im letztgenannten Arbeitsgebiet war Frau Mohr eine umsichtige Helferin.

Sie hat während der ganzen Zeit ihrer Tätigkeit in meiner Praxis fleißig gearbeitet, war stets pünktlich und hilfsbereit.

Das Ausscheiden aus meiner Praxis erfolgt auf eigenen Wunsch. Meine besten Wünsche für ihren weiteren beruflichen Weg.

Mainz, den 30. 09. 1988   *Unterschrift*

Hier sehen Sie ein mittelprächtiges Zeugnis, das nichts besonders Herausragendes nennt und nichts, was besonders negativ auffallen würde.

Allerdings wirft die Hervorhebung des „letztgenannten Arbeitsgebiets" ein etwas dunkles Licht auf die übrigen Tätigkeiten der Frau Mohr.

Auch die Formulierung, „sie hat fleißig gearbeitet", läßt alle Interpretationsmöglichkeiten offen. Doch hat der Leser dieses Zeugnisses eher den Eindruck, daß der Aussteller nicht gerade ein sehr gewandter Formulierer ist.

ZEUGNIS

Herr Norbert Rüssmann, geb. am 10. 09. 1958, wohnhaft Wittelsbacher Allee 3, 8500 Aschaffenburg, war vom 01. 12. 1982 bis 31. 03. 1988 als kaufmännischer Sachbearbeiter bei uns beschäftigt.

Zu seiner Tätigkeit gehörte das Schreiben von medizinischen Befundberichten, die Telefonbedienung, das Erstellen von Ausgangsrechnungen sowie das Auspakken und Zuordnen des eingehenden Untersuchungsmaterials.

Herr Rüssmann erledigte alle Arbeiten nach sehr kurzer Einarbeitungszeit selbständig und zu unserer vollen Zufriedenheit.

Sein Verhalten zu Mitarbeitern und Vorgesetzten war stets korrekt.

Zu unserem Bedauern mußten wir Herrn Rüssmann aus innerbetrieblichen Gründen (Betriebsverlagerung) kündigen. Für seinen weiteren beruflichen Weg wünschen wir ihm alles Gute.

Aschaffenburg,
den 21. 03. 1988   *Unterschrift*

An diesem Zeugnis gibt es im großen und ganzen nicht viel auszusetzen. Der Eingangssatz ist korrekt und gibt alle wesentlichen Details wieder.

Auch die Tätigkeitsbeschreibung ist ausreichend. Mehr als ausreichend allerdings nicht. Fragen bleiben vor allem hinsichtlich der „Zuordnung" offen.

Korrekt ist die Gesamtbewertung, und auch der Hinweis auf das selbständige Arbeiten von Herrn Rüssmann fehlt nicht.

Mit der Gesamtnote „zu unserer vollen Zufriedenheit" kann Herr Rüssmann auch zufrieden sein.

Selbst der Grund des Ausscheidens bietet keinen Grund zur Klage. Offenbar wurde eine Änderungskündigung ausgesprochen, an der Herr Rüssmann keine Schuld trägt.

ZEUGNIS

Frau Martina Edel, geboren am 5. Juni 1952, wohnhaft Werderstr. 2, 2000 Hamburg 13, war in der Zeit vom 1. Oktober 1979 bis 30. Juni 1988 als kaufmännische Mitarbeiterin in unserer Abteilung Finanzen/Verwaltung beschäftigt.

Frau Edel wurde zunächst für allgemeine buchhalterische Aufgaben eingesetzt. Durch ihr Engagement und ihren Eifer, die Buchhaltungskenntnisse durch externe und interne Maßnahmen zu erweitern, konnten wir sie schon nach kurzer Zeit für höher qualifizierte Aufgaben einsetzen.

Ihre Tätigkeiten bestanden im Bereich Debitoren in der Mitarbeit in der Mahnbuchhaltung, Überwachung von Bürgschaftsurkunden, Neukunden und Leistungsannahmesperren. Weiterhin oblag ihr die Kontorierung von Belegen und Zahlungsanweisungen. Frau Edel hat außerdem die Sekretärin des Abteilungsleiters in allen Aufgaben vertreten.

Sämtliche übertragenen Aufgaben hat Frau Edel stets zügig, mit Sorgfalt, Genauigkeit und Zuverlässigkeit erledigt. Sie besitzt großes Verantwortungsbewußtsein. Ihr Verhalten gegenüber Vorgesetzten und Mitarbeitern war höflich, hilfsbereit und in jeder Hinsicht korrekt. Sie war eine Mitarbeiterin, die auch von allen Geschäftspartnern und Kunden akzeptiert wurde.
Frau Edel verläßt uns auf eigenen Wunsch. Wir wünschen ihr für die Zukunft alles Gute.

Hamburg, den 19. Juni 1988

Unterschrift

An diesem sehr ausführlichen Zeugnis gibt es auf den ersten Blick nicht viel, eigentlich gar nichts, auszusetzen.
Der Eingangssatz ist korrekt und vollständig. Die berufliche Entwicklung wird korrekt wiedergegeben, ebenso die Karriere von Frau Edel.
Schließlich ist auch an der Gesamtbewertung nicht herumzumäkeln. Oder? Wo steht die eigentlich? Nirgends – sie fehlt, aber daß sie fehlt, ist gut versteckt.
Stutzig macht den Leser dann die vorletzte Passage des Zeugnisses. Was hat eine kaufmännische Mitarbeiterin in der Abteilung Buchhaltung eigentlich mit den Geschäftspartnern und Kunden des Unternehmens zu tun? In der Regel wird sie zu denen kaum jemals Kontakt haben. Da wird mancher Leser anfangen, sich Gedanken zu machen, was mit dieser Passage eigentlich gemeint ist.

Einspruchsfristen

Abschließend seien noch einige wichtige Punkte besprochen. Nehmen wir an, Sie sind mit der Ausstellung eines Zeugnisses nicht einverstanden. Welche Fristen – zum Einspruch – gilt es hier zu beachten? Nun, die Verjährungsfrist beträgt sage und schreibe ganze 30 Jahre. Nur – diese Frist können Sie gleich wieder vergessen, denn bis dahin wird sich Ihr jetziges Problem wohl gelöst haben!

Deshalb gilt im Rechtsalltag: Nach Ablauf eines halben Jahres geht zumeist nichts mehr. Diese Frist sollte auch ausreichen, da kaum anzunehmen ist, daß ein Arbeitnehmer aus freien Stücken länger als ein halbes Jahr ohne einen neuen Arbeitgeber und damit ohne Arbeit bleiben möchte.

Damit Ihnen die Fristen nicht möglicherweise doch weglaufen – das Bundesarbeitsgericht hat sogar schon einmal eine Frist von nur fünf Monaten als lang genug gewertet –, geben wir Ihnen folgenden Ratschlag:

Ratschlag:
- Lassen Sie nicht allzuviel Zeit verstreichen. Das gilt für den Arbeitgeber, der zögert, das Zeugnis auszustellen, genauso wie für den Fall, daß Sie als Arbeitnehmer mit dem Inhalt des Zeugnisses nicht einverstanden sind und auf Änderung drängen
- Warten Sie niemals länger als drei Monate, um Ihren Arbeitgeber anzumahnen. Fertigen Sie die Mahnung unbedingt schriftlich an! Bei der Aushändigung sollte eine vertrauenswürdige Person als Zeuge fungieren. Noch besser schicken Sie Ihre Mahnung – mit genauen Änderungswünschen! – per Einschreiben mit Rückschein. So haben Sie nicht nur einen Beleg, daß Sie das Schreiben abgeschickt haben, sondern auch einen Beleg dafür, wer das Schreiben wann entgegengenommen hat

- Fruchtet Ihr Schreiben nicht, dann sollten Sie nach spätestens zwei Wochen nochmals mahnen und darauf hinweisen, daß Ihnen nach einer Fristsetzung von Ihrer Seite (14 Tage) kein anderer Weg mehr bleibt, als Klage vor dem Arbeitsgericht zu erheben.

Wichtig:
- Beachten Sie bitte – das heißt, erkundigen Sie sich ganz genau, – ob es in Ihrem Unternehmen eine vertragliche Regelung für solche Problemfälle gibt. Verträge, die dies regeln können, sind:
  - Betriebsverträge
  - Tarifverträge
  - Einzelverträge (Arbeitsverträge).

Zu Ihrer Beruhigung sei hinzugefügt: Solche Verträge sehen in der Regel – zum Schutz des Arbeitnehmers – eine längere Fristregelung vor.

„Schreiben Sie sich Ihr Zeugnis doch selbst!"

Damit sind wir eigentlich am Ende angelangt. Alle wesentlichen Punkte haben wir behandelt und ausführlich besprochen. Allerdings kommt es in der Praxis immer mal wieder vor, daß der Arbeitgeber sagt: „Ach, schreiben Sie doch Ihr Zeugnis selbst!" Da dies sich gar nicht so selten ereignet, müssen wir diesem Fall ein allerletztes Wort widmen.

„Ach, schreiben Sie Ihr Zeugnis doch selbst!" Wenn Ihnen einmal dieser Satz entgegenschallt, brauchen Sie nicht gleich resignierend mit den Schultern zu zucken. Denn mit Hilfe dieses Buches und den ausführlichen Checklisten wird es Ihnen recht leichtfallen, Ihr Zeugnis selbst zu verfassen – ob es sich dabei nun um eine einfache Arbeitsbescheinigung,

ein einfaches Endzeugnis oder gar ein qualifiziertes End-
zeugnis handelt.
Nur – denken Sie daran: Ein Arbeitszeugnis unterliegt dem
Grundsatz „wahr und wohlwollend" zu sein. Na, dann viel
Spaß bei der Arbeit!

Notizen